아주
잘 노는
어른이 될 거야

아주
잘 노는
어른이 될 거야

글·그림 이지행

푸른향기

프롤로그

나는 아주 잘 노는 어른이 될 거야

  나는 광고쟁이다. 사장이다. 지금까지 회사를 두 개 만들었고 운이 좋게도 상장사에 회사 하나를 팔았다. 매각을 준비하면서 회사의 가치를 높이기 위해, 영업과 성과로 직원들을 참 많이도 닦달했다. 말하자면 악덕 사장이었던 셈이다. 그리고 수년 후 다시 작은 회사 하나를 만들었다. 더 이상 치열한 경쟁도 싫고, 함께 나누고 싶어서 1년에 한 달은 전사원이 무조건 휴가인 광고회사를 만들었다. 그동안 광고판은 경쟁이 더 심해졌고, 수익률은 점점 줄어들었다. AI가 만든 광고와도 경쟁을 해야 할 판이다. 그런 이유로 회사는 점점 망해가고 있고 나는 근심 걱정에 수많은 밤을 뜬눈으로 지새웠다. 이제 나에겐 대체 무엇이 남았을까?

 그간의 시간이 영화 필름처럼 촤르르 스쳤다. 진정 원하는 것이 뭔지도 모른 채, 좀비처럼 집과 학교를 오갔다. 늘 무슨 무슨 역대 최고의 경쟁률이라는 말속에서 살았다. 듣도 보도 못했던 IMF라는 것도 거쳤다. 간신히 들어간 첫 회사에서는 월급 60만 원에 인턴을 버텨야 했다. 돈이 문제가 아니었다. 어디서든 일할 수만 있다면 행복하다고 여겼다. 연봉 1천만 원에 영화사를 다닐 땐, 하루 종일 컵라면으로 버티며 꿈을 좇았다. 열정만 있다면 뭐든 참아야 하는 게 미덕인 줄만 알았다. 더 배고픈 공연판에도 있어 봤고, 하루 종일 게임만 해도 무해한 게임회사에도 다녀봤다. 그러다 광고쟁이가 되었다. 지금까지 나는 수많은 광고를 만들며, 수천 번의 프레젠테이션을 했다. 퇴근 후엔 광고주 앞에서 재롱을 떨어야 했고, 주말이면 기획서를 붙잡고 씨름을 해야만 했다.

 단테가 그랬다.

'나는 인생의 딱 중간에, 길을 잃고 어두운 숲을 헤맸다'
라고.

중년이 된 그가 『신곡』을 쓰며, 내뱉은 첫마디다. 단테 역시 어른이 되어보니 뭔가가 없기는 매한가지였나 보다. 희망을 품고 여기까지 미칠 듯 열심히 달려왔는데, 어른이라는 문 앞에 떡하니 붙은 말이 '여기 희망 없음'이라니, 이 무슨 개 풀 뜯는 소리란 말인가. 그러니 지옥이나 헤맬 수밖에.

남들 놀 때, 남들 쉴 때 일하고 또 일했다. 그래! 열심히 앞만 보고 뛰다 보면 저 언덕 너머에 편안한 인생이 좌~아악 펼쳐져 있을 테니까. 그렇게 20년 넘게 뼈가 빠지게 달려왔다. 그런데, 이게 뭔가? 정작 어른이 되어보니, 안온한 삶 따위는 어디에도 없다. 내 인생은 여전히 길을 잃고 헤매고 있는 게 아닌가. 여태껏 난 무슨 부귀영화를 누리겠다고 이렇게 열심히 살아왔단 말인가. 어쩌면 나 역시 단테처럼, 있지도 않은 어떤 인생을 위해, 희망을 담보 삼아 개미처럼 일만 하다가 개미지옥 속 어른이 되어버린 건 아닐까. 내가 이러려고 어른이 된 건가? 후회막심이다. 이런 망할!

그래서 결심했다. 어차피 이렇게 된 마당에, 이제부터 제대로! 야무지게! 놀아보기로. '그래, 죽으면 썩어 없어질 몸…. 누구나 한번 사는 인생인데, 정답이 어딨겠어?' 그렇게 한 번뿐인 인생 맛깔나게 놀고 싶어서 평생 내 편인 짝꿍과 옥탑방 하나를 얻었다. 이제 우리는 옥탑방으로 출근을 한다. 이것은 순전히 놀기 위한 출근이다. 지금까지 나는 지나치게 열심히 살아왔다. 지나치게 공부했고, 지나치게 일해왔고, 지나치게 엄.근.진. 어른이 되었다. 이제는 그만 지나쳐도 될 일이다. 그렇다! 어른은 내 맘대로 할 수 있는 나이니까. 자신의 인생을 책임지는 게 어른이라면, 나는 아주 잘 노는 어른이 되어볼 생각이다. 이건 내 인생이다. 내게는 인생을 아주 야무지게 놀 자유가 있다. 뭘 해서 먹고살 거냐고? 아직까지 잘 모르겠다. 그래도 이 길을 한번 가보려 한다. 이유? 단순하다. 못 놀아도 후회하고 놀아도 후회하는 것이 인생이라면 기왕이면 놀고 후회하기로 했다. 그러니, 독자 여러분은 느긋한 마음으로 이 여정을 즐겨줬으면 좋겠다. 걱정할 것 없다. 기껏해야 후회도 나의 몫이니까. 어쨌든, 놀고 싶어서 오늘도 부부가 옥탑방으로 출근한다. 이 책은 정신 나간 중년 부부의 무모한 인생 모험기다. 그래, 대책 없이 놀아보자.

차례

프롤로그 | 나는 아주 잘 노는 어른이 될 거야 004

1막
어른은 나도 처음이라

어쩌면, 인생 네 줄	016
이러려고 열심히 어른이 된 건가?	018
기껏 올라왔는데 이 산이 아니라고?	024
어른은 나도 처음이라	030
어차피 인생은 실수투성이다	035
어른이 되면 멋진 해장국이 기다리는 줄 알았다	040
좋아한다, 좋아하지 않는다	044
참을 수 없는 비교의 가벼움	050
당신 하고 싶은 거 하고 살아	056
Wrong is right	062
'을'로 살아가는 모든 어른을 위한	067
나는 함부로 울 권리가 있다	073

2막
부부가 옥탑방으로 출근합니다

누가 뜨겁게 살자고 했어?	080
오늘만 산다	082
인생을 낭비한 죄	089
대체 뭐 해 먹고 살려고?	096
지금부턴, 어나더 라운드	101
옥탑방의 문과남자, 이과여자	106
어느 살인청부업자의 고백	111
고생은 사서 하는 게 맞습니다	117
회사가 망하는 중입니다	122
그는 신부가 되었고, 나는 한량이 되었다	127
휴일에 유통기한이 있다면 만년이고 싶어	131

차례

3막
마흔의 사춘기, 인생의 별책불혹

늙지 않는 법	138
넌 늙어봤냐? 난 젊어봤다!	140
낭만이란 배를 타고 무인도에 가져갈 나만의 것들	145
산타에게도 번아웃이 찾아온다	151
누구나 부모는 처음이라	156
이름을 잃어버린 그대에게	162
이혼을 축하해!	168
이윽고, 짜장면	172
온전히 나를 지키는 중	177
생일이 더 이상 설레지 않을 때	181
그러니 발톱아, 너도 힘내렴!	185
꽃보다 삼겹살	190
마흔의 사춘기	195

4막
놀다 보면 뭐라도 되겠지

당신의 밑반찬을 응원합니다	202
지금 행복해지고 싶다면	204
오늘이 제일 젊은 나이	208
두 번째 인생은 없다	215
놀다 보면 뭐라도 되겠지	221
과속 단속 랩소디	227
그러다 언제 놀래?	232
대도시의 여행법	234
오늘도 유언장을 씁니다	240
누군가 어디에서 나를 기다렸으면 좋겠다	245
20대의 나에게 쓰는 편지	250
행복은 발가락 사이로 보이는 풍경	255
에필로그 ǀ 아직도 인생	262

"당신도 당신 하고 싶은 거 하고 살아."
나는 이 말이 참 좋다.

맞다. 모름지기 어른이란,
하고 싶은 거 하고 사는 삶이다.

1막

어른은 나도 처음이라

어쩌면, 인생 네 줄

주말을 애타게 기다리고 또 기다리고
휴가를 오랫동안 간절히 바라고 바랐는데
결국 월요일이 오고야 말았다.
아! 왜 난 신나게 더 못 놀았을까!

이러려고 열심히 어른이 된 건가?

올림픽 없는 올림픽 이야기다. 딱히 애국자는 못 되는지라 올림픽에 그리 관심이 없다. 다만 양궁 전 종목, 여자 단체 10회 연속 올림픽 금메달이라는 데는 참을 수가 없다.

10회 연속이라고? 올림픽이란 게 4년에 한 번 열리니 무려 40년의 시간이다. 40년간 계속 1위라니 좀 너무하다 싶다. 최고의 인기 가수가 조용필에서 서태지로, 이효리, 아이유, BTS로 바뀌는 사이, 줄곧 1등만 차지한 셈이다. 한국 양궁이 첫 금메달을 땄을 때 태어난 아이는 어느덧 거무튀튀한 마흔의 나이가 되었다.

보는 우리야 '또 금메달이군! 대~한민국! 짝짝짝 짝짝' 정도의 감탄이면 그만이겠지만, 실제 경기에 나선 선수들의 중압감과 부담감은 또 얼마나 컸을까? 자칫 한 번이라도 삐끗! 실수라도 하면 그간 쌓아놓은 업적이 와르르 무너진다는 생각에 심장은 두 근 반 세 근 반, 마음 졸이고 또 졸였을 것이다. '에잇! 내가 이러려고 국가대표가 된 건가? 차라리 하지나 말 것을.' 분명 이런 생각 한 번쯤 해봤을 것이다. 아니, 머나먼 땅으로 도망이라도 치려 했을지 모른다.

내가 이러려고 열심히 어른이 된 건가?

우리는, 누군가의 아들, 딸, 누군가의 부모, 자식이다. 그렇다! 온전한 '자기 자신'이 아닌 누구누구의 딸과 아들, 누구누구의 아버지와 어머니로 살아간다. 온전한 나 자신이 아니니 쏟아지는 의무감과 부담감은 부채처럼 자꾸만 쌓여 간다.

좋은 대학을 가야 한다고 했다. 우리말도 서툰 판에 영어 유치원에 갔고, 초등학교 땐 수학, 과학 학원을 전전했다. 중학교에선 고교 과목을 선행하고, 고등학교에선 내신 지옥에 빠져 허우적댔다. 좋은 대학을 가야 하는 이유도 간단하다. 좋은 대학에 가야, 좋은 직업을 얻을 수 있으니까. 남들보다 돈 잘 벌고, 인정받고, 머리 조아리게 만들 수 있는, 그런 직업이어야 하니까. '내가 진짜 원하는 삶은 대체 뭘까?'라는 질문은 배부른 소리다. 꿈이니, 자아실현이니 따위는 그저 말 같잖은 말장난이었다.

그렇게 우리는 모두 한 방향을 향해 달렸다. 하지만, 그런 좋은 직업은 한정적일 수밖에 없다. 제아무리 치열하게 노력한다고 한들, 애초에 내가 차지할 수 있는 자리, 갈 수 있는 길이 아니었다. 돈과 명예, 권력만을 바라며 평생을 죽어라 살아왔는데, 정작 우린 길이 달랐던 거다. 당신은 상행선, 나는 하행선. '아! 내가 이러려고 열심히 어른이 된 건가?' 그런 까닭에 화가 쌓여만 간다. 내 잘못이야! 내 탓이야! 스스로를 비난하고 괴롭힌다. 아니! 아니! 사회가 문제야. 다른 사람을 증오하고 미워하게 될지도 모른다. 까짓것! 금메달 아니면 좀 어떤가.

"비단뱀 따위 말고, 사람이나 만나슈!"
"네, 만날 수도 있고 못 만날 수도 있습니다. 나는 바흐의 9번 교향곡을 좋아하는 사람, 하는 식으로 젊은 여자를 만나려는 사람이 아닙니다."
"뭔 소리? 9번 교향곡은 베토벤 아뇨?"

에밀 아자르의 소설 『그로칼랭』은 대도시 파리에서 2미터가 넘는 비단뱀 그로칼랭을 키우며 살아가는 한 남자의 이야기다. 그는 외롭다. 그가 비단뱀을 키우는 이유다. 이 삭막한 도시에서 그를 사랑하고 따뜻하게 감싸줄 유일한 생물이 비단뱀밖에 없기 때문이다. 쿠쟁은 외롭지 않기 위해 늘 자신의 두 팔로 자신의 몸을 꼭 껴안고 잠이 든다. 대도시의 외로운 독거남, 모태솔로인 거다. 그런데 그가 이렇게 청승맞은 이유는 뭘까? 쿠쟁은 통계청 직원이다. 하지만 정작 자신의 감정은 어떤 통계에도 잡히지 않는다. 그 어디에도 자신의 존재가 없기 때문이다. 에잇! 내가 이러려고 열심히 어른이 된 건가? 그렇다. 현재 자신의 모습은 그가 원했던 직업도, 꿈꿔왔던 삶도 아니다. 그러니 폭발할 수밖에. 어느 날, 비단뱀 대신 이성을 만나보라는 경찰서장의 권유에 그가 폭주하고 만 것이다.

"네, 나도 압니다. 베토벤! 하지만 이제 바뀔 때도 되었지요."

지극히 당연한 것이 지극히 당연한 것이 아닐 수도 있다. 그래! 이제 바뀔 때도 됐다. 베토벤의 9번 교향곡으로 그만큼 살았으면 됐다. 꼭 베토벤일 필요가 있을까? 바흐면 어떻고 드뷔시면 어떤가? 꼭 클래식이 아니라면 어떤가, K팝으로도, 트로트로도 월드 스타가 된다. 월드 스타가 안 되면 또 어떤가? 자신만의 템포로 살아가면 그만이다.

그러니까, 내 말은 이렇다. 의무와 부담이라는 짐을 내려놓자는 거다. 자식으로서의 부담감, 어른으로서의 의무감. 아직 오지 않은 내일을 위해 오늘을 끊임없이 유예하며 살지 말자는 거다. 확실한 건 바로 지금 이 순간 내가 숨 쉬고 있다는 사실 하나뿐이다.

미래는 잘 모르겠다. 내일은 내일 닥쳐봐야 안다. 그러니 후회 없이 오늘을 잘 놀면, 최소한 즐거웠던 추억만은 남는 셈이다. 이거 남는 장사다. 못 놀고 후회하느니, 잘 놀고 후회하자. 선택은 각자의 몫이다. 뭐, 어쨌든. 인생이 계속되듯 올림픽도 계속된다. 다음 국가대표에게도 부담감은 어쩔 수 없이 주어지는 멍에다. 그러니 나는 희망한다. 다음 올림픽에서는 제발 금메달을 따지 않기를…. 따지 못하기를…. 그래! 이제는 바뀔 때도 됐다.

P.S.
광고회사 대표는 점점 꼰대가 되어 갑니다.
고백하자면 이게 다 매일 시달리는 중압감과 부담감 탓입니다. 회사가 망하고 있습니다.

기껏 올라왔는데 이 산이 아니라고?

어른이 되면, 한강이 내려다보이는 아파트에서 안락한 소파에 앉아 발을 까딱까딱, 발가락을 꼼지락 꼼지락거리며 85인치 TV를 보게 될 줄 알았다. 안정된 직장과 행복한 가정, 풍요로운 삶이 거기에 있을 줄 알았다. 좀 과한 욕심인가? 이 정도까지는 아니더라도 내가 원하는 인생이 좌~아악 펼쳐져 있을 줄 알았다. 흔들리지 않고, 미혹되지 않고, 바람에 흔들리지 않는 나무 같은 어른이 될 줄 알았다.

그런 이유로 밤잠 설쳐가며, 허벅지 찔러가며 공부하고, 대학 가고, 취업 준비하고, 사회생활을 시작한 것이 아니던가. 내일의 풍요로운 삶을 담보로, 오늘을 저당 잡히며 미칠 듯 살아온 게 아닌가 말이다. 안락한 소파는 지금 이곳이 아닌, 내가 아직 가보지 않은 저곳에 있을 테니까. 젖과 꿀이 흐르는 그 삶이 거기에 있을 테니 말이다.

나는 극장집 손주다. 물론, 철들기 전에 폭삭 망했지만 그런 까닭에 영화를 사랑할 수밖에 없는 팔자였다. 대학을 졸업하고 영화 잡지사에 입사했을 땐, 영화인이 됐다는 벅찬 감동과 함께 가문의 영광을 되찾겠다는 꿈을 꾸기도 했다. 촬영 현장을 취재하고, 영화배우를 인터뷰하고 글을 쓸 때면 유명 감독과 배우가 된 듯한 착각에 빠지기도 했다. 지금은 아니라는데 그때 영화판은 열정페이로 가득했다. 에헴, 연봉을 공개해도 되겠죠? 당시 내 연봉은 1,100만 원이었다. 그러니까 한 달에 100만 원이 안 된다는 말씀. 어찌 살겠냐 싶지만, 그래도 좋아하는 영화판에서 찬란한 미래를, 멋진 어른 영화인이 되기를 희망했다. 그래! 까짓것, 돈이 무슨 대수냐, 내가 꿈꾸던 일이잖아! 분명 행복한 미래가 펼쳐질 텐데 뭐!

그러던 어느 날 교통사고를 내고 말았다. 내 차에 여자아이가 부딪친 거다. 다행히 가벼운 사고라 합의하기로 하고 약속한 카페에서 아이 아빠를 기다렸다. 한참 동안 기다리자, 카페 문이 열렸다. 아이 아빠였다. 일주일은 감지 않은 듯한 떡진 머리, 듬성듬성 난 수염, 앞무릎이 반질하게 튀어나온 파란 츄리닝, 맨발에 삼선 슬리퍼를 신은 남자였다.

"죄송합니다, 선생님."

"뭐 합의 보면 되죠. 근데 뭐 하는 양반이슈?"

"영화 일 합니다."

"그래요? 나도 그쪽일 15년간 했는데, *씨네 알죠?"

"아!"

당시 *씨네는 우리나라 최고의 영화 기획사였다. 지금으로 치면 넷플릭스 정도랄까. 그런데 그런 대단한 곳에서 15년을 일했는데, 이 모양이라고? 내 15년 후의 미래가 저 무르팍 튀어나온 츄리닝의 남자란 말인가? 진정 원했던 멋진 인생이 저 떡진 머리 아저씨란 말인가?

기껏 올라왔는데 이 산이 아니라고?

한때 가난했던 청년 개츠비는 데이지를 다시 만나기 위해, 불법으로 부를 쌓고 매일같이 호화로운 파티를 연다. 부어라 마셔라! 파티피플~! 이게 다 저 호숫가 너머에 그가 평생을 그리워했던 환상의 여인이 살고 있기 때문이다. 그녀를 만날 수만 있다면, 범죄 따위가 무슨 대수냔 말이다. 그래서 하고 싶은 거, 놀고 싶은 거 참아가며 위대한 개츠비가 되려 한 게 아니던가. 스콧 피츠제럴드의 소설이자 바즈 루어만 감독의 영화 「위대한 개츠비」의 이야기다. 그런데 그가 그토록 사랑한 여인은 그 환상에 미치지 못한다. 우리 눈엔 그저 돈만 밝히는 속물일 뿐이다.

데이지를 동경해 평생을 달려왔건만 그에게 남은 건 허무한 공허뿐이라니, 이건 잘못돼도 한참이 잘못된 거다. 동경은 동경일 뿐이랄까. 결국 개츠비는 자신의 환상과 꿈에 집착한 나머지 현실을 보지 못하고, 비극적인 운명을 맞게 된다.

어른이라는 세계 역시 마찬가지다. 막상 찬란한 인생이 저 산 정상에 있을 거란 생각에 죽어라 오르고 올랐는데, 산꼭대기엔 푯말 하나가 덩그러니 놓여있다. '이 산이 아닙니다. 잘못 아셨어요!' 어른의 현실은 환상과 꿈만으로 이루어지지 않는다. 그렇다면 우리 인생도 개츠비처럼 새드엔딩으로 끝내야 할까? 나는 영화라는 산을 빠르게 하산하며 생각했다. 그래 이 산이 아니라면 저 산에 한 번 올라가 보면 그만이다. 실패하면 또 어떤가? 인생에 답이란 게 있을 리 없다. 그런 이유로 나는 영화판을 떠나 뮤지컬 판과 게임판, 광고판에서 일을 했다. 이 산 저 산 올랐지만, 아직도 내가 원하는 안락한 소파는 찾지 못했다. 어차피 그런 어른의 세계란 애당초 존재하지 않는지도 모르겠다. 기왕 올라왔으니 저 산에도 한 번 올라가 보자.

내 말은 이렇다. 검은 머리 파뿌리가 될 때까지 같은 일만 해 먹고 살지 말자는 거다. 그렇지만 어쩔 수 없다면,

그래서 기왕 머물러야 한다면, 있는 동안 즐겁게 잘 놀자는 거다. 대단한 게 아니다. 일과를 마치고 책을 읽어도 좋다. 글을 쓰고 그림을 그려도 보자. 못 그리면 또 어떤가? 흘낏 보면 내 그림이 피카소 같아 보인다. 대단한 여행이 아니더라도 출근길을 여행지 삼아 관찰하고 다른 시각의 사진을 인스타그램에 올려보자. 밤새 유튜브만 보지 말고, 유튜브 콘텐츠를 만들어도 좋다. 그러다 보면 다른 산에 오를 체력이 갖춰지고, 힘이 쌓인다. 그때 또 다른 산에 올라가면 되는 거다.

내가 옥탑방으로 출근하는 이유 역시 다른 산에 오르기 위함이다. 물론 삶은 계속되어야 한다. 그래서 내일 뭐를 해야 할지, 무엇으로 먹고살아야 할지 고민한다. 다행히 그간 영화일, 뮤지컬, 게임일, 광고 일을 하면서 얻은 노하우로 컨설팅을 하기도, 광고 카피와 브랜드 전략을 짜주기도 한다. 그리고 더 나은 어른이 되기 위해 짝꿍은 바텐더 기능사를 땄고, 게으른 나는 바리스타 자격증을 준비한다. 어차피 인생에 이상향이 없다면, 지금 이 자리를 이상향으로 만들면 그만이니까.

아차차, 잊지 마시라! 어른의 세계는 폼나지 않는다. 그렇다. 이태리에 이태리 타올 같은 건 없다. 그러니 지금 잘 놀자. 그거면 되는 거 아닐까.

어른은 나도 처음이라

 꼰대학(學)에 이런 말이 있다. '나이가 무슨 벼슬이야? 나이를 무슨 엉덩이로 먹은 거야? 어른이면 어른답게 행동해야지!' 뭐 꼰대에게는 그리 틀린 말은 아니지만 왜 어른에게만 이렇게 가혹한 걸까? 아이가 첫걸음을 걷기까지는 하루에도 수백 번을 넘어진다고 한다. 그렇게 수만 번을 넘어지고서야 겨우 세상에 한 발을 뗀다.
 "잘한다. 잘한다. 잘한다. 내 새끼. 내 새끼. 내 새끼!"
 부모는 막 이런다. 면봉처럼 커다란 머리와 새처럼 가느다란 다리를 까딱거리며 쓰러지고 넘어져도 칭찬하고 또 칭찬한다. 그렇게 아이는 성장한다. 그런데 어른에게는 이런 칭찬이 없다. 넘어지면 붙잡았던 손도 놓아버리고, 쓰러지면 살포시 밟기도 한다. 기회를 주지도, 실패했다고 다시 일어나라고 응원해 주지도 않는다. 한번 넘어지면 치명상이다.
 어른도 아프다. 인생에 정답이 어디 있을까? 설령 답이 있더라도 그 답이라는 것이 또 남들이 다 아는 그렇고 그런 뻔한 길이라면 그게 자신의 답은 아닐 것이다. 그런 이유로 어른이 되면 더 아프다. 맞다! 아프니까 중년이다. 아프다. 아픔이란 게 또 그런 것이다. 인생의 뜨거운 한여름이 지날 무렵 소낙비에 떨게 되는 뎅기열이 바로 중년의 앓이다. 그런데 다들 어른이 되면 로봇처럼 피도 눈물도 없는 그런 존재가 되는 줄 안다. 사춘기 딸아이는 '지만' 사춘기인 줄 안다. 엄마, 아빠는 툭! 말 한마디면 뭐든 다 이해하는 챗GPT, AI라 생각한다. 눈물 콧물 흘리지 않고 세상을 덤덤히 바라보는 그런 사람인 줄 안다.

너만 아프냐? 나도 아프다!

 어른도 넘어진다.

 그렇다. 어쩌면 한창 칭찬에 목마를 나이가 바로 중년이다. 왜일까? 어른은 나도 처음이니까! 한 번도 가보지 않은 길이니까! 어설프고 서투를 수밖에 없다.

 데이비드 핀처 감독의 영화 「벤자민 버튼의 시간은 거꾸로 간다」는 80세 노인으로 태어난 어느 아이의 이야기다. 사실 F.스콧 피츠제럴드가 1922년에 발표한 「벤자민 버튼의 기이한 사건」이라는 단편소설이 그 원작이다. 소설은 시간이 거꾸로 흐르는 남자, 즉 늙은이로 태어나 점점 젊어지는 한 남자의 삶을 다룬다. 벤자민 버튼은 태어나자마자, 할아버지와 맞담배를 피고, 세상사에 대해 논쟁하다가 나이가 들어 걷지도 못하는 기저귀 찬 갓난아이로 생을 마감한다. 보통의 인생과 반대다. 일반적으로 우리는 늙어가면서 삶의 경험을 쌓고 성숙해진다고 믿지만, 그렇지 않다고 소설은 말한다. 어른으로 태어났다고 한들, 꼬부랑 할머니 할아버지로 태어났다고 한들 달라질 것은 없다는 거다. 원래 인생은 한 방향으로 흐르는 강물이니까 말이다. 세상을 살아보았다 한들, 내일은 또다시 아무도 경험해 보지 못한 새로운 첫날일 뿐이다.

맞다! 어른도 처음이다.

지도도 없고, 내비게이션도 없다. 여기부터 300미터 지나 우회전하세요! 저기부터는 100km 속도 제한 구역입니다. 속도를 줄이세요! 몇 분 후에 코엑스로 가는 301번 버스가 곧 도착합니다. 그러지 않는다. 그래서 매일매일이 실수다. 가보지 않을 길이니까 당연하다. 그러니까… 이렇다는 말씀입니다. 가보지 않은 길을 애써 가본 척하지 않아도 된다. 그러지 않아도 우리는 충분히 어른이다. 그래! 충분히 잘 살아왔다.

우리는 그저 우리 스스로 몸으로 부딪치고 상처 주고 상

처받고 깨달으며 어른이 된다. 완벽했다면 좋았을 것이다. 후회하지 않았다면 좋았을 것이다. 그때 내가 조금 더 현명했다면 좋았을 것이다. 나는 더 행복했을 것이다. 나는 더 자유로웠을 것이다. 내 인생의 들판은 무지개 꽃들로 활짝 피었을 것이다. 그래 그때 내가 내 옆에 누워서 코를 드륵 고는 이 중년의 남자만 만나지 않았더라면, 그래, 내가 그 카페에서 지금 내 옆에 앉아서 발가락을 꼼지락거리며 TV 드라마에 빠져있는 이 뽀글머리 아줌마에게 눈길만 주지 않았더라면…. 만약 그랬더라면 내 인생은 달라졌을지 모른다. 아! 정말 그럴지도 모른다. 그렇지만 시간을 되돌릴 수 없는 것이 또 인생이다. 만약은 없다. 그러니 어쩌겠나? 아무도 경험해 보지 못한 길이니, 실수하고 실패하고 스스로 부딪히며 갈 수밖에….

그래서 오늘도 나는 옥탑방으로 출근한다. 뭐, 가다 못 가면 돌아가고 쉬엄쉬엄 가면 그만이다. 내 삶이니까, 내 인생이니까.

P.S.

기원전 2000년경, 수메르의 한 현자 : "요즘 젊은이들은 말이야, 점토판에 글씨도 엉망이고, 신들에게 제사를 지낼 줄도 몰라!"

기원전 400년경, 소크라테스 : "요즘 젊은이들은 절제도 모르고, 어른들을 존경하지도 않아. 토론할 줄도 모른다니까."

1500년경, 르네상스 시대의 어른들 : "요즘 젊은이들은 성당보다 술집에 가길 더 좋아하니, 말세야, 말세!"

19세기, 빅토리아 시대의 신사 : "요즘 젊은이들은 손 편지를 쓰지도 않고, 기계에만 의존하니, 로맨스가 사라지고 말았어!"

어차피 인생은 실수투성이다

 광고회사는 극한의 직업군이다. 매일같이 누에고치 실 뽑아내듯 아이디어를 뽑아내야만 한다. 아니 뽑히지 않으니 쥐어짜고 또 짜내야 한다. 하지만 아이디어가 그렇게 쉽게 나올 리가 없다. 마른행주를 쥐어짜 봐야 행주만 찢어질 뿐이다.

 극한 직업이 아닌 일이 세상천지에 어디 있을까마는 아무튼 그런 이유로 광고인은 수명이 짧다. 또랑또랑한 눈망울로 회사에 입사한 신입 광고인들은 1년이 지나면 판타지 영화의 오크나, 호러영화 속의 좀비가 되어 살아도 살아있지 않은 워킹데드들로 변신하고야 만다. 번아웃이 온 거다.

 그러니 주변에 죽도록 미운 사람이 있다면, 광고회사에 입사시키자! 그 사람은 휴일도, 밤낮도 잊은 채 좀비 누에고치가 될 것이고, 술과 담배, 온갖 스트레스, 광고주의 갑질에 제명을 다하지 못할 거다. 이처럼 어마무시한 살인청부를 원한다면 제게 연락 주세요!

그런 까닭에 나는 업계를 떠나는 광고쟁이들을 많이 봐왔다. 재능있는 친구가 회사를 그만둔다고 할 때면 선배로서 술자리도 많이 가졌다. 그럴 때마다 그들은 사회에 첫발을 잘못 들였다고, 실수했다고, 너무 늦기 전에 다른 길을 가겠다고, 서둘러 다른 일을 찾지 않으면 인생을 망칠 것 같다고 한결같은 말을 한다. 한 번뿐인 인생이니 누구나 그 답을 알지 못하고 두렵고 불안하기만 하다.

이대로 영영 이탈해버리면 어쩌지?

다시 돌아가지 못하면, 다시는 따라잡지 못하면 어쩌지? 탈선해 버린 열차처럼, 원래의 궤도로 영원히 복귀하지 못하면 어쩌지?

유통기한이 한참 지난 라떼의 옛날이야기지만! 나는 학력고사 세대다. 그러니까 원하는 대학과 학과를 딱 한 개만 지원하고, 1년에 딱 한 번 시험을 봐서 딱 하나의 학교에 입학해야만 하는 단두대 입시 시스템이 되시겠다. 여기서 떨어지면 재수하거나 대학을 포기해야만 했다. 그렇다. 「오징어 게임」처럼 강한 자만 살아남는 시대였다. 나는 삼수를 했다.

그때 나를 가장 괴롭힌 것은 이탈에 대한 두려움이었다. 오직 한번 사는 인생인데, 나는 어디에도 속하지 못한 표류하는 이방인 같았다. 학생도 아니고, 사회인도 아닌 어정쩡한 경계에 놓인 사람. 세상은 나를 제외하고 모두 각자의 길을 제대로 가고 있는데 나만 뒤처져 있다는 불안함. 나를 제외한 온 우주는 정상궤도! 올바르지 못한 인생의 실수를 한 것은 아닌지 혹시 그 결과 실패한 인생이 되는 것이 아닌지 두렵고 두려웠다.

스텝이 엉키면 그게 바로 탱고

거칠고 냉소적인 은퇴한 중령 프랭크 슬레이드는 삶을 포기하려 한다. 그는 인생을 정리하는 마지막 여행을, 자신을 돌보는 가난한 대학생 찰리에게 제안한다. 여정의 어느 날, 뉴욕의 한 고급 레스토랑을 방문한다. 이곳은 프랭크의 여행에서 특별한 버킷리스트 중 하나다. 우아한 레스토랑에 앉아 잭 다니엘을 홀짝거리며 세상 즐겁게 주변을 둘러보던 프랭크가 아름다운 여인 도나에게 탱고를 출 줄 아냐고 묻는다. 당황한 그녀는 탱고를 좋아하지만 잘 추진 못 한다고 말한다. 그러나 이쯤에서 물러설 프랭크가 아니다. 그는 실수조차 탱고의 일부라고 말하며 함께 추기를 제안한다.

마틴 브레스트 감독의 「여인의 향기」에서 노년의 시각

장애인 프랭크가 도나와 탱고를 춘다. 영화의 명장면이다. 주변의 도움을 받지 않으면 제대로 길조차 걷지 못하는 프랭크에게 탱고라니 어디 가당찮은 소린가? 그런 그가 밴드에게 탱고곡을 연주해 달라고 하며 여인에게 춤을 제안한 것이다. 그는 말한다. 어차피 인생은 실수투성이다. 그러나 그 실수가 방향을 바꾸면 또 다른 인생이 펼쳐진다. 그것은 실수가 아니고 또 하나의 인생이자 탱고라고. 그렇다. 누구나 실수를 한다. 그것이 인생이다.

그리고 그 실수가 인생을 실패로 이끌지는 않는다. 골목을 놓쳐 다른 길로 들어섰더라도 돌아 나가면 그만이다. 그리고 그 길에서 또 다른 새로운 경험이 우리를 기다리고 있다. 스텝이 엉킨다. 탱고가 이어진다. 그것이 인생이다.

어른이 되면
멋진 해장국이 기다리는 줄 알았다

 현혹되었다! "라면 먹고 갈래요?" 유혹에 끌려 오늘도 그만 발걸음을 돌리고 말았다. 아름다운 코맹맹이 소리로 "라면 먹고 갈래요?"라는 말에 분명 편의점의 유혹을 참지 못한 거다.

 회식과 영업 자리가 많이 줄었다고 해도, 광고 일을 하다 보면 어쩔 수 없이 술자리가 생기기 마련이다. 새벽 서너 시까지 술을 마시고, 24시간 해장국집에서 위장을 씻어내고 잠시 사우나에 들러 회사로 다시 출근했다는 전설이 회사마다 전해져 온다. 에이~ 설마 그런 세상이 있느냐 생각하겠지만 바로 그런 어른 화석이 나일지도 모른다는 생각에 아! 광고계의 삼엽충이고 암모나이트가 된 건가? 마음 한구석이 쎄하다. 이게 바로 그놈의 라떼인가? 암튼, 시원한 해장국에 술 냄새를 훈장처럼 달고 다시 회사로 가던 시절은 사라졌다.

아! 나는 이제 광고계의 삼엽충이 된 건가?

 편의점 라면 코너를 미어캣처럼 고개를 쭈~욱 빼고 샅샅이 살핀다. 흠! 어른이 되면 이런 것 따위로 해장하지 않는 줄 알았다. 십오 첩 반상은 아니더라도, 시원한 콩나물국, 북엇국을 먹으며 "그래 멋진 전쟁이었어! 멋진 영업이었지! 선물 같은 하루군!" 이럴 줄 알았다.

 뽀송뽀송한 아침을 맞으며, 마빈 게이의 감미로운 음악에 깨어나는 하루를 그렸다. 아! 착각이다. 그런 하루는 영화나 드라마에만 있던 것이구나.

어른이 되면 멋진 해장국이 기다리는 줄 알았다.

그러니 편의점 그녀의 유혹에 홀랑 넘어갈 수밖에 없다. 자극적인 MSG 덩어리라고 걱정할 이유가 있을까? 아, 나는 이 말이 좋다. '자.극.적.' 그러니 불만 없다. 이 단어야말로 세상 모든 광고인이 종교처럼 추앙하는 가장 맹목적인 단어가 아니던가!

뭐, 방부제나 MSG가 많이 들어가 몸에 해롭다 한들 어디 이름난 맛집에는 MSG가 안 들어갈까? 고향의 우리 엄마도 미원을 한 움큼 넣는다. 그래 이게 엄마의 손맛인 거야~! 그러니 편의점 음식이 이 얼마나 풍요로운가! 그래서 술을 마시고 흔들흔들 돌아올 때면 마치 배고픈 판다가 대나무를 찾듯 발길은 자연스레 편의점으로 이끌린다.

편의점 한구석 테이블에 서서 젓가락을 들고 라면이 익어가는 숭고한 시간을 기다린다. 이 얼마나 행복한 나만의 사적 시간이며 공간인가?! 그래 오늘 하루 잘 견뎠어! 운이 좋게 로또라도 하나 사면 그만이다. 또 이렇게 희망을 품고 일주일을 버텨보자!???

가만있어 보자~ 원래 어른은 이런 건가?

P.S.

편의점의 주 고객 연령을 조사한 적이 있다. 20대, 30대보다 의외로 40대 이후 연령대의 소비가 더 높다. 그래 편의점은 그런 거다. '라면 먹고 갈래요?'의 아름다운 그녀가 유혹한다.

좋아한다, 좋아하지 않는다

 프랑스 문인이자 영화감독 조르주 페렉의 에세이 『보통 이하의 것들』은 사소한 일상에서 그 자신만이 느끼고 발견한 아주 사적이고 사소한 소중함에 대한 글이다. 그중 '나는 좋아한다, 좋아하지 않는다'라는 짧은 에피소드가 있다. 내용은 별거 없다. 그저 자신이 좋아하고 좋아하지 않는 일상의 것들에 대해, 그 목록을 나열해 놓은 것뿐이다. 글쓰기 참 쉽다. 아무튼.

 어른이 되면 취향이라는 것이 없어지는 줄 알았다. "아니 됐어! 너 먹어." 엄마, 아빠는 딸기를 좋아하지 않는 줄 알았다. 피자를, 치킨을, 여행을 좋아하지 않는 줄 알았다. 어느 사막 한가운데 바위 동굴 안의 늙은 구도자처럼, 모든 것에 초월한 사람들인 줄 알았다. 어른이 되어보니 아! 딸기가 여전히 좋다. 엄마, 아빠는 모두 새빨간 거짓말쟁이였구나!

 왜일까? 좋아하고 좋아하지 않는 것에 대해 꺼내지 않는다. '뭐 그런 걸 다!' 별나 보이기도하고, 까탈스럽고 예민

해 보여서인지 애써 숨기고, 무슨 대역 죄인이라도 된 것처럼 입을 꾹 다문다. 부모가 아니어도, 어른이 아니어도, 머뭇거리고 주저한다. 내 안에 분명 좋아하는 것과 좋아하지 않는 것에 대한 울림이 있을 텐데 말이다.

그래서 밖으로 꺼내보기로 했다. 자신만의 취향을 갖고 있다는 건 어쩌면 나를 온전히 지키고 사랑하는 법일 테다. 그리고 취향을 드러내는 것은 나다움을 드러내는 것이고 그 '나'다움이 바로 '아름'다움이니까. 시시콜콜한 리스트일지 모르지만, 좋아하는 것과 좋아하지 않는 것을 풀어놓는다.

만일 또 어느 누군가와 사소한 취향을 하나라도 공유할 수 있다면 그것만으로도 서로가 통하는 것! 그때부터 당신과 나는 서로가 오늘부터 1일이 될 테니까.

나는 좋아한다.

은반지, 오래된 수동카메라, LP, 늙은 엄마의 콩나물 김칫국, 시간이 묻어있는 스니커즈 운동화, 흰색의 커다란 에코백, 두꺼운 검은 뿔테안경, 천장까지 닿아 있는 커다란 책장, 서재, 쓸데없는 생각으로 글 쓰는 아침 시간, 에스프레소 도피오, 딸기, 우산 없이 비 내리는 파리의 산책,

그림 그리기, 만년필, 부에나 비스타 소셜클럽의 음악들, 2만 원대 스페인과 이탈리아의 레드와인, 뜻밖의 오후 반차, 오랜 친구와의 약속, 가죽 팔찌, 몰스킨 스케치북, 아쿠아 디 파르마 향수, 교보문고 디퓨저 향, 돼지갈비, 카라바조의 그림들, 고흐의 론강의 별이 빛나는 밤, 휴일 책 읽는 아침 7시 정각, 체게바라, 뚝섬에서 바라보는 한강의 석양, 페도라 모자, 레이벤 선글라스, 소설 그리스인 조르바, 영화 인디아나 존스, 스타워즈, 영웅본색, 중경삼림 속 양조위의 깊은 눈, 공항 가는 길, 소울과 펑키 음악, 가수 알 자로, 파르미지아노 치즈, 앤디 워홀, 충분한 시간 갖기, 도시를 산책하는 플라뇌르, 피렌체, 그리고 사랑하는 짝꿍과의 포옹, 고등학생 딸아이의 다정한 전화.

나는 좋아하지 않는다.

체크무늬 폴로셔츠, 오크향 위스키, 무거운 메탈 손목시계, 라테 커피, 목이 좁은 티셔츠, 젊은 가수들이 부르는 트로트 음악, 검은색 구두, 커다랗고 무거운 스마트폰, 제육볶음, 클래식 음악, 홍차, 스릴러 오컬트 영화, 감자로 만든 모든 것, 사이다, 소설 롤리타, 낯선 곳에서의 첫날밤, 떡볶이 단추, 순대, 청경채, 형님이라는 호칭, 전자담

배, 토크 예능 프로그램, OTT 드라마 시리즈들, 곱창, 광고주의 한밤에 걸려 오는 전화, 인스타그램 한 달에 번 돈 사진, 아웃도어 옷, 롱패딩, 현대 조각들, 비스킷, 초코우유, 딸기우유, 치킨버거, 후라이드치킨, 면바지, 종이컵에 주는 에스프레소, 실용 서적, 수학, 지금도 쓸모없는 수학 공식들, 070 전화와 이벤트 문자, 건강검진 대장내시경 음료, 비행기의 가운데 자리, 줄이 쳐진 노트, 말없이 불친절한 키오스크, EDM 음악, 일요일 오후 네 시에 느끼는 감정, 마라탕, 코미디 프로그램, 쇼핑몰 주차장의 긴 줄, 키 크고 몸 좋고 잘생기고 돈 많은 세상의 모든 남자… 그리고 이 중 하나라도 갖고 있는 모든 남자.

 10대보다는 20대에, 20대보다는 30대, 40대, 50대에 자신만의 취향이 더 풍요로워져야겠다. 그만큼 세상을 살고 여행하고 둘러본 경험이 쌓이고 쌓여 내 안에 감추려 해도 감출 수 없는 향기 가득한 자신이 되기를 희망한다. 좀 더 풍요로운 나의 취향이 나의 향취이기를 나는 또 좋아하고 좋아하지 않겠다. 써보면 안다. 이거 이거 의외로 어렵다.

P.S.
몇 주간 긴장하며 달려온 광고 제안 경쟁 PT가 끝났다. 결과가 어찌 됐든 이런 날은 회식을 하며 고생한 친구들과 회포를 풀어야만 한다. 등을 두들겨 주며 서로를 응원한다.
"대표님, 뭐 먹을까요?"
"응! 난 짜장면!"
진짜 진짜 취향입니다.

어른다움 이란...
세상에 나다움을
드러내는 거야

참을 수 없는 비교의 가벼움

다시 한번, 올림픽 없는 올림픽 이야기다. 역시나 애국자는 못되니, 경기 따위엔 전혀 관심이 없었는데, 일요일 오후 TV를 돌리다 우연히 시상대에 올라선 선수들을 보게 됐다. 딱히 용한 관상가나 점쟁이가 아니더라도, 누가 어떤 메달을 땄는지 찰떡같이 알 것 같았다. 그래, 틀림없이 벅찬 표정으로 환하게 웃는 저 선수가 금메달, 나라 잃은 슬픈 표정이 은메달, 방긋방긋 속 좋은 미소가 동메달이렷다. 그렇다. 세상 모든 은메달리스트의 얼굴은 여지없이 슬퍼 보인다. 참 이상하다. 세상에서 두 번째로 뛰어난 사람의 표정치고는 어째 너무 '새드엔딩' 아닌가. 대체 왜일까?

기껏 노력했는데 겨우 넘버투라고?

"여보게, 내가 2등이 될 상인가?" 이게 다 망할 놈의 한 끗 차이 때문이다. '1등이 될 수 있었는데…저 자리가 내 자리인데….' 그래서 더 아쉽고 슬프다. 내 자리라 여겼던 것을 눈앞에서 홀라당 빼앗긴 탓에 은메달이 은메달로 보이지 않는 거다. 아! 서럽다. 슬픈 표정의 또 다른 이유가 있다. 그룹 아바의 노래 '더 위너 테이크 잇 올 The Winner Takes it All'의 승자독식처럼. 그러니까 1등이 모든 것을 다 가져가기 때문이다. 그러니 2등은 언제나 불행하다. 어쩌면 이름 하나 후대에 남기지 못한 채 영원한 2인자, 넘버2로 사라져 버릴 판이라니. '죽을 둥 살 둥 죽기 아니면 까무러치기로 여기까지 달려왔는데, 겨우 2등이라니, 내가 넘버2라니!' 그래, 이게 다 1등만 기억하는 더러운 세상 탓이야. 그래서인지 동메달리스트는 행복해 보였다. '휴~ 하마터면 못 딸 뻔했네. 아니 2등이었으면 어쩔뻔했어. 천만다행이야~ 내가 3등이라서.' 그런 까닭에 치아가 스물두 개나 보일 정도로 환하게 웃고 있었다. 그렇다면 저 슬픈 표정의 선수는 2등 말고 3등이 되었어야 옳았던 걸까? 뭐, 휴일 오후의 쓸데없는 걱정입니다만… 어쨌든.

참을 수 없는 비교의 가벼움

어렸을 적 디즈니 애니메이션 「백설공주」를 볼 때마다 나는 왕비가 참 고와 보였다. 누가 봐도 서구형 8등신 미인 아니던가? 오뚝한 콧날, 짙은 눈썹과 아이라인, 빅토리아 시크릿 패션쇼에나 나올법한 모델 같은 몸매, 단연 독보적인 미모였다. 게다가 성격마저 얼마나 화끈한지, 걸 크러쉬 같은 매력의 소유자. 그런데도 그녀는 스스로 불행해했다. 슬퍼 보였다. 왜일까? 거울이 백설공주가 더 이쁘다고 새빨간 거짓말을 한 탓이다. '내가 2등이라니, 내가 2인자라니.' 그래서 비교 저주에 걸린 왕비는 결국 스스로 화병에 걸려 죽고 말았다는 슬픈 이야기.

혹시, 주변에 죽도록 싫은 사람이 있으신가요? 그렇다면 그를 간단히 불행하게 만드는 비법이 여기 있다. 아주 쉽다. 우선 그 사람에게 다가가 친절한 척, 도와주는 척, 비밀을 말해주는 척 소곤소곤 귓속말을 상대에게 건넨다.

"쉿! 너만 알고 있어! 네 동기 A 말야, 그 친구 연봉이 얼마래!"
"세상에, 아파트 청약에 당첨됐대!"
"자식이 SKY 들어갔다던데!"

끝! 이제 룰루랄라 침대에 누워 한숨 푹 자고 일어나면 그만이다. 이제 상대방은 자신이 의당 누리고 갖고 있는 것들이 몹시도 하찮고 초라해 보이기 시작한다. 내가 가진 것은 왜 저 사람보다 못할까? 저것이, 저 자리가, 저 행운이 내 것이었어야만 했는데. 이제 그는 잠을 이룰 수 없다. 밥맛도 없다. 삶에 의욕이 사라진다. 비교라는 저주에 걸린 것이다.

2등이 뭐가 어때서?

인간은 난자와 정자의 결합으로 태어난다. 잠시 상상해 보자. '준비하시고! 출발!' 수억 마리의 정자가 출발신호와 함께 치열한 경쟁을 하며 난자를 향해 달려 나간다. 온몸이 녹아내리는 산성비를 맞으며 도중 포기하는 녀석도, 도망치는 녀석도, 지쳐 쓰러지는 녀석도 있었다. 흉악한 대식세포에 잡아먹히는 녀석도 있었을 것이다. 온갖 시련과 고초를 이겨낸 맨 앞 선두는 당연히 수억 마리 정자 중 가장 능력 있고 힘센 녀석일 테다. 그렇다. 1인자다. 지금의 나는 이미 수억 대 1의 기적 같은 경쟁률을 뚫고 이 자리에 서 있는 셈이다. '아! 행복해! 엄마 나 1등 먹었어! 해피엔딩!' 그런데 정말일까?

실상은 이렇다. 죽을 둥 살 둥, 죽기 아니면 까무러치기로 앞만 보고 달린 당신은 고개를 들어보고 화들짝 놀랐다. 내 앞에 경쟁자가 이미 난자막을 뚫고 들어가려는 게 아닌가? '뭐야, 저 자식이 1등이었어? 아! 이번 생은 여기가 끝인가'라며 막 포기하려는 순간, 웬일인가? 막을 뚫기 위해 온 힘을 쏟아버린 그가 그만 탈진해 나가떨어져 버린 거다. 때는 이때다. 비록 2등으로 도착했지만, 누구보다 약삭빠르고 눈치 빠른 당신은 순간을 놓치지 않고 재빨리 난자에게 쓱 얼굴을 들이밀었다. 축하합니다! 2인자 탄생.

맞다. 우리는 생명이 만들어지는 순간부터 이미 2인자인 셈이다. B급으로 태어난 거다. 어째 마음이 좀 편해진다. 어차피 태어날 때부터 2등이었으니 덤으로 얻은 인생이다. 만약 우리가 1등이었다면 세상에 태어나지도 못했을 테니 말이다. 그러니까 내 말은 이거다. 2등이면 어떻고, 꼴찌면 또 어떤가. 어차피 누구의 인생도 아닌, 내 인생이다. 다른 누군가의 속도가 아닌, 내가 걷는 이 리듬대로 살아가는 거다. 비교가 아닌, 내 이야기를 써 나가면 그만이다. 그걸로 충분하다. 온전한 나 자신, 넘버투로 당당히 살아보자는 거다. 역시나 올림픽은 별로지만, 응원한다! 2인자로의 당신의 멋진 삶!

P.S.
아! 그래도 차마 딸한테는 '꼴찌면 또 어떤가'라고 차.마. 말을 못 하겠어요.
에잇, 이번 생도 철들긴 다 틀렸다.

당신 하고 싶은 거 하고 살아

'나는 무엇 때문에 어른이 되었을까?'

좀 우스운 질문처럼 들릴지 모르겠다. '그냥 나이 먹으면 어른 되는 거지, 어른 되는데 무슨 이유 따위가 따로 있나?' 생각할 수도 있다. 그렇다. 나이를 먹으면 자연스레 어른이 되는 줄 알았다. 정말 그런가? 천만의 말씀이다. 나는 단 한 번도 자발적 어른을 원치 않았다. 솔직히 말해, 되고 싶어 된 것도 아니다. 에잇, 그런데 왜 우리는 어른이 되어버린 걸까? 분명 이유가 있어야 한다. 아무 이유 없이 어른이 되어버린 거라면, 이거 너무 억울하잖은가 말이다. '우리말 대사전'을 찾아본다.

어른 [어:른]
1. 다 자란 사람. 또는 다 자라서 자기 일에 책임을 질 수 있는 사람.
2. 나이나 지위나 항렬이 높은 윗사람.
3. 결혼을 한 사람.

이게 어른이란다. 그런데 맞는 걸까? 다 컸다고, 자리 높은 윗사람이라고, 결혼했다고 다 어른인 걸까? 가만있어 보자! 결혼한 나이 먹은 회사 상사는 어른이 아니라 꼰대가 아니던가? 그렇다. 어른도 함부로 될 수 없다. 자고로 어른이란, 하고픈 것은 하고 살아야 어른이다.

성욱은 낮에는 택배, 밤에는 대리운전을 하는 40대 가장이다. 그의 삶은 고달프다. 부담스럽게 공부 잘하는 딸을 위해 그는 오늘도 등골 빠지게 일을 한다. 오토바이 배달의 위험도, 술에 취한 손님의 갑질도 수도승처럼 참고 참아 내야만 한다. 이게 다 처자식을 위해서다. 가장이니까! 물론 그에게도 꿈이 있었다. 잘 나가는 대학 록밴드 활화산의 기타리스트, 그들은 가수가 되고 싶었다. 그러나 현실의 무게는 무겁다. 조기퇴직에, 기러기 아빠에 멤버들은 각자 먹고살기 바쁘다. 그러던 어느 날, 친구의 죽음으로 그들은 다시 밴드를 시작한다. 눈에 아이라인 화장을 하고, 팔에 타투를 하고, 밤에는 홍대에서 공연을 시작한다. 무료했던 삶이, 잊었던 웃음이 입가에 번진다. 아! 이것이 진정한 어른의 맛이 아니던가! 물론 성욱의 아내 영애는 이해할 수 없다. 먹고살기도 바쁜데, 밴드 타령이라니! 지금 제정신인가?

"당신 그거 왜 해?"
"하고 싶으니까!"
"미쳤어?"

성욱은 영애를 바라보며, 무심히 한마디 던진다.

"그니까 당신도 당신 하고 싶은 거 하고 살아."

이준익 감독의 영화 「즐거운 인생」의 한 장면이다. "당신도 당신 하고 싶은 거 하고 살아." 나는 이 말이 참 좋다. 맞다. 모름지기 어른이란, 하고 싶은 거 하고 사는 삶이다. 배부른 소리라고? 그렇지 않다. 그것은 돈이 많고 적고, 생활이 풍요롭고 빈곤하고, 나이가 많고 적고의 가치가 아니다. 그것은 내 인생에 대한 나 자신의 책임, 즐겁게 살 의무에 대한 이야기다.

좀 놀면 왜 안 되는데?
'던전 앤 파이터'라는 온라인 게임이 있다. 혹시 아시나요? 이 글을 읽는 지금 이 시간에도 전 세계 9억 명이 하고 있는 게임이다. 그러니까, 넷플릭스나 나이키, 스타벅스나 스포티파이보다 사용자가 많다는 말씀! 이 게임의 이름을 내가 지었다. 나는 다니던 영화 잡지사를 그만두고 게임사로 이직했다. 그것은 영화판의 낭만을 포기한 힘든 결정이었다. 영화판, 공연판에서 일해본 사람은 안다. 그곳엔 낭만이 가득하다. 그렇다. '낭만!' '낭만'은 다른 말로 표현하자면 '배고픔'이다. 낭만을 포기하니 좋았다. 배곯지 않아도 살 수 있을 것만 같았다. '던전 앤 파이터'가 성공하니 일이 몰려들었다. '그래, 낭만이란 이렇게 간단히 쉽게 포기할 수 있는 거야.' 어라? 그런데 왜 이리 공허하지?

사실 나는 게임을 좋아하지 않는다. 좋아하지 않으니 무슨 재미가 있겠는가. 그런데 점점 게임 프로젝트는 늘어만 갔다. 재미없음은 복리가 되어, 숨을 죄어왔다. 지루하기 짝이 없었다. 이렇게 인생을 노잼으로 허비하고 마는 건 아닐까? 이건 배고프고 배부른 문제가 아니다. 어쨌든.

그래서 잘 놀아야 한다. '논다'는 건 내가 '좋아하는 것'을 한다는 거다. 아이는 잘 논다. 한여름 땡볕에 놀아도 지치지 않는다. 한겨울 칼바람에 밖에 있어도 전혀 춥지 않다.

왜일까? 노는 게 즐겁기 때문이다. 좋아하는 것 하니까 지치고 힘들지 않다. 어른도 마찬가지다. 내가 좋아하는 일을 해야 한다. 그래야 평생 신나고 재밌게 놀 수 있다는 거다.

> *짧은 우리네 인생에서 긴 욕심일랑 버려라. 이렇게 말하는 사이에도 시간은 우리를 시샘하며 흘러가 버리니. 내일은 믿지 마라. 오늘을 즐겨라.*
> *— 호라티우스 『카르페디엠』 중*

하고 싶은 것만 하고 살아도 인생은 짧다. 그래서 수천 년 전 좀 놀 줄 아는 선배도 이런 말을 한 거다. 상욱과 그의 밴드 멤버 기영, 혁수는 어른이 되었다. 그들은 인생을 즐길 줄 알았기 때문이다. 이제 자신이 삶을 책임지고 눈치 보지 않고, 좋아하는 것, 하고 싶은 것 하며 신나게 놀아보자.

어떤가? 그게 우리가 지금까지 꿈꾸는 어른일 테다.

세상에서 가장
잘 뒹구는 사람이 되려구!

하고싶은것만 하고 살아도
인생은 짧아

Wrong is right

"25쪽부터 30쪽까지 읽어봐."

초등학교 때 가장 두려운 시간이었다. 정작 글을 소리 내 읽지 못하는 이유를 알지 못했다. 공부를 못했던 것도, 책 읽기가 싫어서도 아녔다. 친구들에게 부끄러워 선생님이 제발 책 읽기만 시키지 말았으면 언제나 바랐다. 무슨 몹쓸 불치병 같았다.

책을 읽으면 단어의 앞글자와 뒷글자가 서로 얽히게 된다. 내 눈에서 '소크라테스'는 '소크라스테'가 되고 '플라톤'은 '톤플라'가 된다. 그냥 그렇게 보이는 거다. 이거 참 미칠 노릇이다. 러시아 소설은 말할 것도 없다. 아! 이건 정말 재앙이다. 도스토예프스키의 『카라마조프가의 형제들』이나 톨스토이의 『안나 카레니나』 같은 장편소설을 읽는다는 건 축구선수 해리 케인이 우승 트로피를 들어 올리는 것보다 더 어렵다. 그래, 어쩌면 영영 러시아와는 작별해야 할지도 모를 일이다.

왜 이렇게 등장인물들은 많은지, 겨우 이름 하나를 읽으면 바로 또 다른 이름의 인물이 나타나 내 목을 죄어온다. 그래서 러시아 소설들은 다른 사람의 책 읽기 시간에 곱절은 더 걸린다. 문장을 읽다 놓치기도 일쑤다. 불편하지만 읽는 문장을 따라 손으로, 펜으로 쫓아가며 읽어야 겨우 속도가 붙는다.

이런 증상이 왜 나에게 일어났는지, 무슨 이유 때문인지 알지 못했다. 부끄럽고 창피해서 부모님께도 알리지 못했다. 이 증상이 '난독증'이라는 것도 한참 어른이 된 후에야 알았다. 천재들의 병이라고? 배부른 소리다. 레오나르도 다 빈치, 에디슨, 아인슈타인, 피카소, 스티브 잡스, 리처드 브랜슨이나 톰 크루즈가 난독증이라는 것도 큰 위안이 되지 않는다. 아버지가 돌아가시고 당신을 떠나보내는 마지막 날에도 떠듬떠듬 힘겹게 조문의 송가를 낭독해야만 했으니까. 마지막 가시는 길에 불효자가 되고야 말았다. 얼마 전 뉴스를 보니, 난독증도 어렸을 때 빨리 발견하면 치료가 가능하다고 한다. 하지만! 성인 난독증은? 아! 그래 이번 생은 이미 틀렸다. 그러니 받아들일 수밖에…. 지금까지 잘 살아왔잖은가?

정박과 엇박 사이에서 너답게 연주하세요!

델로니어스 몽크라는 사람이 있다. 그는 역사상 가장 기이하고 독창적인 재즈 피아니스트였다. 엇박자와 불협화음, 주먹으로 건반을 내려치거나 연주 대신 피아노 앞에서 춤을 추기도 했다. 재즈는 우아해야 한다고? 그에게는 개 풀 뜯는 소리다. 어느 날, 동료 연주자가 음이탈로 흠칫 놀라 연주를 멈추려 했다. 삑사리가 난 거다. 이때 몽크가 불같이 화를 내며 이렇게 소리쳤다.

"틀린 음도 괜찮아. 그냥 그걸 네 식대로 이어나가. 그게 재즈니까."

그렇다. 누구나 불완전하다. 인생에는 정박보다 엇박이 더 많을 테니까 말이다. 몽크는 말한다. "Wrong is right." 틀린 음도 자기 리듬으로 이어가면, 그게 바로 맞는 음이고 나다움이라고. 이건 이 세상 모든 음치, 박치들에게 던지는 희망의 메시지가 아닌가?

언제쯤 '아름다운 사람'이 되려나…. '아름답다'의 '아름'은 '나', '나 자신'이란 뜻의 순우리말이라고 한다. 그러니까 '아름답다'는 말은 '나답다'는 말일 테다. 그렇다면, 아름다운 사람은 나다운 사람이고 아름다운 삶이란 나답게 살아낸 하루하루가 아닐까. 그동안 우리는 얼마나 '나다운 인생'을 살아왔을까. 남들과 비교하고, 내가 갖지 못한 능력을 원망하고, 다른 이의 것을 시기하고 부러워하기 바빴던 건 아닐까.

그러니 이제 남부끄러워하지 말자. 자신을 나답게, 남부럽게 살아가면 그만이다. '남'이 아닌 '나'만 생각하자. 지금까지 충분히 '남' 생각하며 살아왔으니, 이제는 조금쯤 '나'만을 생각하며 살아도 되지 않겠는가. 그게 바로 나다운 삶, 그리고 어쩌면 아름다운 인생의 시작일지 모른다.

그렇다. 고백하자면 난독증이 꼭 나쁜 것만은 아니다. 인생이 무료하지 않다. 뭐랄까, 쫀득한 스펙터클! 그게 바로 난독증 환자의 삶이다. 운전 중에 어벙이교회, 살인교회를 만난다. 이건 대체 뭔데? 자세히 보면 오병이어와 사랑교회다. 지하철에서 졸다가 졸도 3기역을 만난 적도 있다. 정신을 차려보면 종로 3가다.

글자가 이렇게 뒤죽박죽이다 보니 자연스럽게 문자보다는 그림이 더 편하다. 그래서 전화번호나 은행 계좌번호 같은 숫자는 사진처럼 기억해야만 한다. 읽는 게 아니라 '찰칵' 찍는 거다.

다행히도 나는 광고를 만들고 밥벌이하는 광고쟁이다. 광고는 낯설게 보이도록 만드는 것이 무엇보다 중요하니까…. 낯설게 보이는데 나름 난독증은 크립톤 별에서 지구에 온 '슈퍼맨'의 능력이다.

그래 세상에 나 같은 사람이 한 명쯤 있어도 괜찮지 않을까? 오늘도 사람들이 내게 묻는다. "이 기획안 어떠세요?" 이제 나는 당당하게 대답한다. "아 잠시만요… 제가 난독증이 좀 있어서요."

난독증이지만 살만하다.

'을'로 살아가는 모든 어른을 위한

　그때도 틀리고 지금도 틀리다! 그런데 그땐 미처 몰랐다. 아니 철이 없어서 그랬나? 아니면 갑질과 을질, 병질, 정질의 위계질서를 몰라서 그랬나? 아무튼 세상이 바뀌어서 다행이다. 어찌나 당하고 어찌나 또 당했던지 억울하고 원통할 만하다!

　서론이 길었다. 커서 보면 불쌍하기 짝이 없는 애니메이션 캐릭터들이 있다. 뭐 그리 잘못한 것도 없는데, 누구 하나 뭐 그리 죄지은 것도 아닌데…. 괜히 손해 보고 괴롭힘만 당한다.

　과거에 그들이 당하면 통쾌하고 신났다. 아! 반성한다. 왜냐고? 커서 보아하니 바로 내 모습이 이들의 모습인 탓이다. 이게 다 먹고 살려다 보니 억울하게 당하는 꼴이다. 정은 병에 괴롭고, 병은 을에 괴롭고, 을은 갑질에 또 괴롭다. 이래서 내리사랑인가 보다. 이런 이런…. 이불속에서 머리를 이리 뒹굴, 저리 뒹굴… 느긋한 연휴 아침부터 미안하다. 세상 모든 을, 병, 정들을 위해 오늘은 올타임

가장 불쌍한 애니메이션 캐릭터 TOP 5를 내 맘대로 랭킹해 본다.

  내가 웃.는. 게 웃.는. 게 아니야.

5위

  이들은 서로가 서로를 의지하며 별일 없이 산다. 뭐 별다른 걱정 없이 잘 산다. 백설공주가 나타나기 전까지 말이다. 이들의 평화는 어느 날 무단침입, 불법 주거 점거 탓에 깨지고 만다. 백설공주가 청소나 음식 따위나 해주면서 일곱 명의 왜소증 환자를 부려 먹는 거다. 이런~ 게다가 대부분 수염이 희끗한 노인들 아닌가! 심지어 침대마저 빼앗겨 싱크대, 장롱, 서랍, 선반, 욕조에서 잠을 잔다. 이거 이거 사람이 그러는 거 아니다! 백설공주! 어디 그뿐인가? 어찌나 식탐이 대단한지…. 난쟁이들은 배고파 죽겠는데 식탁에 저 혼자 몰래 사과를 먹는다. 거기에 은혜도 모르고 잘생긴 왕자가 나타나자, 자신을 보살펴준 이들을 나 몰라라 내팽개치고 가버린다. 에라~ 정말 너무한 거 아닌가? 우리 다음 생엔 키 크고 돈 많고 잘생긴 남자로 꼭 태어나자! **일곱 난쟁이**

4위

 가장 억울한 캐릭터다. 늘 생쥐 제리한테 당하기만 한다. 한데, 이거 그냥 골탕을 먹는 수준이 아니다. 총에 맞기도, 전기 고문을 당하기도, 자동차에 치이거나 높은 건물에서 떨어지기 일쑤다. 그래도 착한 마음씨 탓인지… 늘 비명 한마디로 마무리를 짓는다. 대체 그가 무슨 대단한 잘못을 했다고 매일 이렇게 당하는지 모르겠다. 잘 보면 고양이 톰은 죄가 없다. 주인을 위해 집안을 돌아다니는 쥐 한 마리를 잡으려 하는데 세상이 도와주지 않는 거다. 심지어 주인마저 무시하니 이거야 원, 고양이 할 맛 나겠나? 이 시대의 모든 집사들이 꼭 돌봐주어야만 하는 캐릭터다. 지금 같으면 인스타에서 귀염 꽤나 받았을 텐데…. 시대를 잘 못 타고난 게 죄라면 죄겠다. 절대 가증스러운 저 생쥐 제리의 웃음에 속지 말자! **톰**

3위

 쓸쓸한 독거노인이다. 외모부터가 불쌍하다. 다 쓰러져 가는 집에서 누구 하나 돌봐주는 이 없이 외로운 인생을 보낸다. 게다가 돈도 없어 단벌 누더기에 구멍 난 양말만 365일 신고 다닌다. 허기지니 숲속의 징그러운 파란 스머

프나 잡아먹으려 할 밖에…. 가혹한 운명이다. 그가 대머리가 된 까닭도 스머프 탓이다. 스트레스가 문제다. 그래도 집사로 충실해서 자신의 고양이 아즈라엘에게 극진하다. 반려동물 좋아하는 사람치고 악인 없다. 마법사 협회비도 못 내고 먹지도 못하는 불쌍한 인물이다. 공과금도 못 내는데 늘 조그만 스머프들에게 괴롭힘만 당하니 하늘도 참 무심하다. 우리의 따뜻한 관심과 사랑이 절실하다.
가가멜

2위

커다란 덩치를 욱여넣고 평생 살 팔자다! 좁은 주전자에 쭈그리고 앉아 쓰윽~ 문질러 주기만을 바라고 그때나 겨우 세상 구경해야 하는 지니는 그래서 온몸이 파랗다! 뭐 휴양지 산호섬처럼 푸른 빛깔이 이쁘지 않냐고? 천만의 말씀! 주전자 안에만 갇혀 있으니, 산소가 부족해 청색증에 걸린 거다. 게다가 매번 세 가지 소원을 들어줘야 한다. 정작 주전자 밖 세상으로 나가고 싶은 그의 소원은 이룰 수 없다. 가만있자! 숫자 교육도 못 받았으니, 소원도 셋까지 밖에 셀 수 없다. 이거 해줘! 저거 해줘! 암튼 그저 주전자를 부비부비 문질러 대는 인간들의 소원 셔틀이나

하며 살아간다. 어디 그뿐인가. 맘에도 없는 재롱을 떨어 줘야 한다. 사람들이 이런 지니가 재밌다고 웃어댄다. 적당히 좀 괴롭히자! 웃는 게 웃는 게 아니다~ **지니**

1위

 다들 예상했을 것이다. 그렇다. 쌍문동에 사는 길동 씨를 뽑지 않을 수가 없다. 일곱 난쟁이가 당한 것처럼 어느 날 공룡 한 마리가 똬리를 틀고 쓱~ 집에 들어와 무단 점거한다. 게다가 근본도 알 수 없는 외계인 하나가 덤으로 들어오고, 타조 한 마리마저 들어와 무전취식한다. 여기에 갑자기 기저귀 찬 처조카까지 떡하니 떠안으니, 부양가족만 무려 7명이다. 더군다나 먹여주고 재워주는데 요것들이 계속 반말이다. 어디 그뿐인가. 자신의 양주며, LP판이며, 카메라며 자신이 좋아하는 모든 물건을 매일같이 박살 내버린다. 거기에 옆집 취준생 마이콜은 허구한 날 돼먹지도 않은 노래만 부르는 층간소음의 원흉이다. 이거 이거 세상 살맛 나겠나. 그렇다! 가장은 슬프다. 외롭다. 아~ 웬일인가! 내일 다시 출근이다. 아! 나 가장이구나!
고길동

P.S.
연휴 마지막 날 아침…. 뒹굴뒹굴하며 생각해 보자! 우리는 모두가 '을'. 바로 내 모습이 지니고, 일곱 난쟁이고, 톰이고, 가가멜이며, 고길동이다. 앗! 그러고 보면 나만 빼고 다들 자가 생활자들이다. 하마터면 친해질 뻔했다. 현타다! 세수하고 로또나 사러 가자!

나는 함부로 울 권리가 있다

'남자가 흘리지 말아야 할 것은 눈물만이 아닙니다.'

 아직도 이런 글귀를 쓰는구나! 고속도로 휴게소, 화장실 소변기 앞에 붙어있는 스티커 문구였다. '꺼진 불도 다시 보자'처럼 남자라면 어릴 때부터 화장실에서 신물 나게 보아온 문구다. 여자 화장실에는 무슨 스티커가 붙어있을 지 궁금합니다만, 뭐 어쨌든! 별다를 건 없지만, 오랜만에 보는 글귀여서 그런지 입안의 가시처럼 계속 맴돌고 걸리적거렸다. 왜 남자가 흘리지 말아야 할 것이 눈물일까? 왜 편히 볼일을 보아야 할 화장실에서까지 굳이 눈물을 흘리지 말라고 하는 걸까? 왜 내 눈물에 감 놔라 배 놔라 참견하는 걸까? 한참을 봐도 모를 일이다. 강요받는 것 같아 기분이 썩 좋지 않았다. 그렇다. 이게 다 까탈스럽고 못돼 먹은 내 성격 탓이다.

 사내놈이 눈물은 무슨 의젓해야지! 기쁜 일에도, 슬픈 일에도, 가슴이 무너지는 일에도 눈물 따위 흘리지 말아야지! 눈물샘을 틀어막고 피도 눈물도 없는 로봇 같은 남자가 돼야지! 스티커 문구는 이런 말처럼 들렸다.

내 눈물샘이 어때서?

꼬맹이들의 세계엔 불문율이 있다. 싸움에서 먼저 코피를 흘리거나 눈물을 보이는 아이는 무조건 패배다. 승부고 뭐고 없다. 그러니까 아무리 많이 맞았어도 눈물만 흘리지 않으면 무적의 금강불괴가 되는 셈이다. 아프면 눈물이 나는 게 당연한 이치인데, 억지로 참고 또 참아야 했다. 그래야 남자라고 했다. 죽고 못 살 것 같던 애인과 헤어지자 "눈물은 무슨, 남자 놈이 소주 한 잔이면 그만이지"라는 말을 들었다. 세상이 무너졌는데, 가슴이 발기발기 찢어지는데, 눈물 한 방울도 흘리면 안 된다 했다. 그때 처음 알았다. 아, 사랑이란 게 소주 한잔만도 못한 것이구나. 그래야 남자라고 했다. 태어난 첫 아이를 안아보는 자리에서, "무슨 애 아빠가 칠칠치 못하게 눈물이나 찔끔거려. 애도 아니고"라고 한다. 어릴 때도 울지 못하고, 어른이 되어서도 울지 못하는 감정 불능자가 되라는 거다. 그래야 남자라 했다. 내 감정을 드러내는 것이 무슨 죄라고 눈물 따위 흘리지 말라니, 그렇다면 히말라야 산

자락에 수도승이라도 되라는 말인가. 눈물 흘릴 권리마저 빼앗기려고 내가 어른이 됐단 말인가. 이런, 망할!

 파트리크 쥐스킨트의 소설 『향수』는 어느 살인자의 이야기다. 주인공 그루니이는 태어날 때부터 냄새가 없는 남자다. 그러니까 존재의 감각이 결여된 인간이란 말씀. 사람들은 본능적으로 그를 꺼린다. 그래서인지 그루니이는 향기에 집착하기 시작한다. 자신에게 없는 향기를 만들고 사람들에게 사랑받고 싶어 한다. 아니, 향기를 통해 존재를 증명하려 한 거다. 결국 그는 세상에서 가장 아름다운 향수를 만들기 위해 수많은 사람을 죽이고, 인간의 살갗 아래 감춰진 향을 채취한다. 감정 없는 어마무시하고 끔찍한 괴물이 된 것이다.

 그루니이처럼 눈물 없는 누군가가 사람들을 마구 죽이고, 눈물샘을 열어젖혀 눈물을 긁어모으면 어쩌나. 눈물 없는 남자가 되어, 다른 이의 아픔도, 자신의 상처도 무시하며 살아가는 괴물 같은 로봇이 되면 어쩌나. 이래서 남자가 여자보다 일찍 죽는 건 아닐까? 그렇게 휴게소 화장실 소변기 앞에서 쓸데없는 괜한 걱정이다.

나는 오늘도 함부로 눈물을 흘린다.

얼마 전 장례식에 다녀왔다. 어머니의 장례식에서 애써 눈물을 참고 참는 대학 친구가 안타까웠다. 친구의 어머니는 오랜 시간 암 투병을 하셨다고 했다. 분명 친구는 더 많이 울고 싶었을 것이다. 그렇다. 남자가 흘려야 할 것은 눈물이다. 영원한 작별마저 눈물 흘릴 수 없다면, 언제쯤 솔직해질 수 있을까. 그래서 그날 나는 친구 대신 더 슬퍼해 주고 더 눈물 흘려줬다. 남들이 보면, '무슨 사연 있는 집안인가?' 그랬을지 모른다. 친구 어머니의 영정에 울면서 절을 드리다 보니, 절을 세 번이나 하고 말았다. 상중인 친구도 당황하고 우는 나도 당황한다. 아마 돌아가신 친구의 어머니도 당황하셨겠지. 아무튼, 나는 아주 눈물이 많은 남자다. 아니 눈물을 흘릴 줄 아는 남자다.

'나는 나를 파괴할 권리가 있다.'

자기 결정권에 대한 프랑수아즈 사강의 말이지만, 어쩌면 이건 눈.물.에 관한 이야기다. 어른이란, 만남보다 이별이 많은 나이다. 그래서 나에겐 오늘도 함부로 눈물을 흘릴 권리가 있다.

P.S.
슬플 때 함께 울어줄 줄 아는 사람이 진정한 어른입니다.
타인에게 공감할 줄 아는 것! 광고인의 제일 덕목입니다만,
이상하게 직원들이 요즘 나를 몰래몰래 알파고라 부른다고
합니다. 왜… 왜요?

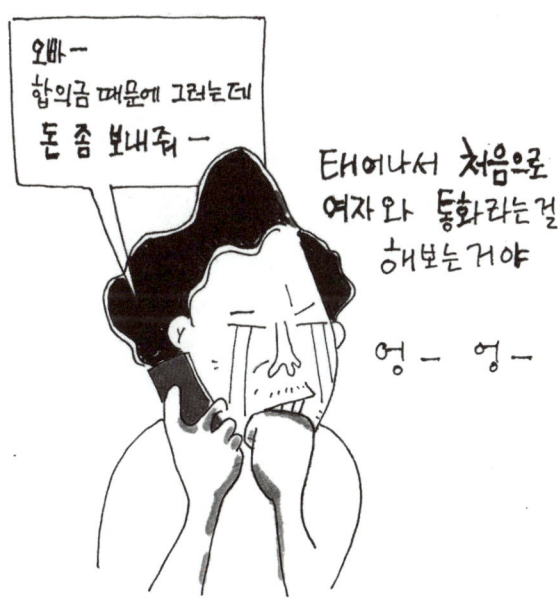

실패하면 좀 어떤가? 잃어버리면 또 어떤가?
주어진 오늘, 지금 이 순간을 즐기면 그만이다.

2막

부부가 옥탑방으로 출근합니다

누가 뜨겁게 살자고 했어?

어둑한 여름밤.

아내 희경은 슬쩍 발을 올려 남편 창수의 허벅지를 훑는다.

꼼지락~꼼지락, 부비~부비

창수는 평양냉면처럼 슴슴하고 밋밋하게 말한다.

"그냥 덤덤하게 좀 살자, 덤덤하게."

부아가 치밀어 오른 희경은 벌떡 일어나 소리를 지른다.

"누가 화끈하게 살자고 했어? 당신은 정신상태가
글러 먹었어!"

정윤철 감독의 영화 「좋지 아니한가」의 한 장면이다.

그렇다! 어차피 인생이란 딱 한 번만 찍을 수 있는 원테이크 영화다.

뜨겁게 살면 왜 안 되는데? 왜 안 되냐고?

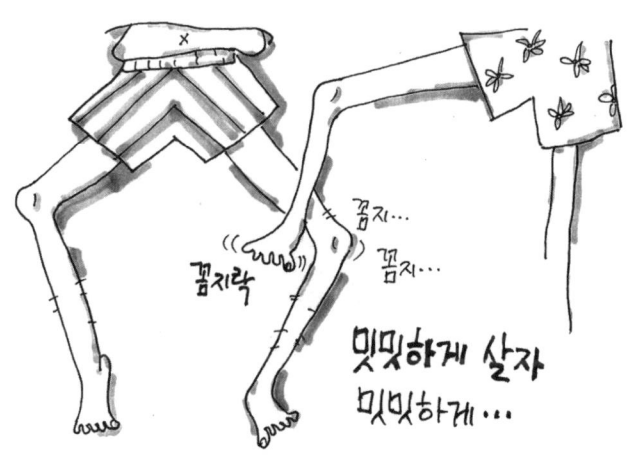

오늘만 산다

"니들은 내일만 보고 살지?
내일만 사는 놈은, 오늘만 사는 놈한테 죽는다.
나는 오늘만 산다."

 영화 「아저씨」의 주인공 원빈이 악당에게 복수를 다짐하며 전화를 건다.

 '오늘만 산다.'
 삶에 대한 기대가 없기에 내일 따위 생각하지 않고 살아가는 전직 특수요원의 암울하고 비장한 말이다. '아몰랑… 다 모르겠고 난 그냥 오늘만 살고 죽을란다.' 사랑하는 아내의 죽음으로 더 이상 잃을 것도 없고 희망도 없는 막다른 인생. 살고 싶은 의지도, 살아갈 힘도 없는 주인공이 던지는 외마디 절규다. 사실, 이 비장한 말이 내 심장의 좌심방과 우심방에 꽂혔던 이유는 희망 없이 그저 '오늘만 산다'가 아닌 '내일 말고 오늘만 즐겁게 살란다'는 바람 때문이다. 원빈의 절규에는 반대다. 그렇게 폼나게 머리를 자르는 모습도 꼴 보기 싫다. (아, 물론 원빈이 잘생겨서 시샘하는 것은 절대 아닙니다. 뭐 그 정도는 흔한 얼굴이잖아요! 동네 어귀마다 다 있는 얼굴입니다.)

2018년 겨울, 급작스럽게 아버지가 돌아가셨다. 허망한 죽음이었다. 지방 소재 작은 종합병원에서 심장 스텐트 시술 도중 돌아가신 거다. 명백한 의료사고였다. 책임을 물을 수도 있었지만, 그 지난한 공방이 억울하게 돌아가신 아버지를 다시 살려내지 못하기에 더는 책임을 묻지 않았다. 무엇보다 연로한 어머니께 더 큰 아픔을 드리고 싶지 않아서였다.

가슴… 아니 몸 전체에 커다란 구멍이 뚫렸다. 믿기지 않았다. 그리고 그해 봄엔 30년 친구가 세상을 떠났다. 녀석 또한 급작스러운 암 전이로 인해 선고 2주 만에 생을 마감했다. 토끼 같은 자식 둘만 덩그러니 남기고 무심히 떠나버렸다. 아버지의 빈소를 함께 지켜 준 친구였다. 죽음은 준비를 기다려주지 않는다.

가까운 사람들의 연이은 죽음을 접하니 삶을 바라보는 시선에 변화가 생겼다. '열심히 산다! 치열하게 산다! 잘 산다! 돈 많이 벌며 산다! 이게 무슨 소용이란 말인가…

개 풀 뜯는 소리다.'

내일의 시간이 나에게 운 좋게 주어질 수도 있지만 내일 떠오르는 태양을 영영 보지 못할 수도 있다. 그게 또 인생이니 말이다. 그래서 「아저씨」의 원빈보다는 좀 더 즐겁게 살아보려 한다.

신나는 일이 없으면 어떤가? 춤추다 보면 신나는 일 없어도 신난다.

신나는 일 없어도 신나게 놀다 보면 진짜 신나게 된다. 내일 따위 고민하지 않고 지금 이 순간! 바로 이 순간에 충실히 놀면 되는 거다. 운 좋게 내일이 주어진다면 또 내일만 살면 그만이다. '잘' 사는 하루가 아닌 '즐겁게' 사는 그런 하루하루가 모이고 모여 인테그랄로 쌓아나가면, 또 그게 폼나는 인생이 되지 않을까 싶다. 아! 문과 남자지만 이과의 쓸모가 이런 것이구나! 매 순간 각 분절이 축적되는 게 또 삶이 아니겠는가?

니코스 카잔차키스의 소설 『그리스인 조르바』에서 주인공 조르바는 오늘만 사는 인간이다. 그는 자신을 고용한 가방끈 긴 젊은 고용주에게 이렇게 말한다.

"두목, 나는 말요…. 금방 죽을 것처럼 삽니다. 산다는 게 이런 것 아닙니까? 죽기 전에 즐겨야죠! 서둘러야죠! 나는 매 순간 죽음을 생각합니다. 어제 일어난 일은 생각 안 합니다. 내일 일어날 일을 생각하지도 않아요. 내게 중요한 것은 오늘, 이 순간에 일어나는 일입니다."

지난날을 반성하고 내일을 준비하라. 그래야 남들보다 돈 많이 벌고 성공한다. 이런 뻔한 자기계발적 스테레오 타입의 이야기보다 어제와 내일 사이에 있는 오늘만 즐겁게 살겠다는 그의 말이 더 와닿는다. 1천 권의 자기계발서보다, TV에 나오는 유명 강사의 말보다 더 끌린다.

오늘만 사는 조르바지만 인생이 그렇듯 모든 일이 잘 풀리지는 않는다. 그와 젊은 고용주가 야심 차게 준비했던 탄광 사업이 그만 망해버리고 만 거다. 좌절했을까? 천만에 말씀! 이들은 서로 각자의 길을 떠나기 전에 질펀하게 춤을 춘다. 조르바는 춤추며 말한다.

"보스, 이게 인생 아뇨! 이럴 땐 춤을 춰야 해요."

실패하면 좀 어떤가? 잃어버리면 또 어떤가? 주어진 오늘, 지금 이 순간을 즐기면 그만이다.

아몰랑, 즐겨라! 어차피 한 번 사는 인생이다.

그래서 어떻게 사냐고요? 한가한 휴일 오후라면 버스 정거장에 간다. 무슨 계획이 있는 것이 아니다. 두 번째 오는 버스를 타고 10번째 정류장에 내려 제일 먼저 보이는 카페에서 커피 마시기를 한다. 남들이 보면 정신 나간 거 아니냐 싶을지 모르겠다. 점심시간 편의점에 들어가 캔 하이볼 한잔을 꿀꺽한다. 오후가 즐겁고 퇴근 시간이 금방 온다. 잠자는 짝꿍의 오른쪽 발톱에만 몰래 페디큐어를 발라 놓는다. 짝꿍의 오른쪽 새끼발가락이 참 고와 보인다.

그래서 나는 오늘만 삽니다만, 모아둔 돈도 없고 어려운 경기에 망해가는 광고회사를 심폐 소생시킬 방법을 찾지 못해 등골에 얼음덩어리 굴러가듯 서늘할 때도 있다. 그래도 내일만 바라보며 살았던 '노동 총량'을 다 채웠으니 이제 좀 오늘만 살아볼까 한다.

오늘만 살아보겠다고 회사를 접을까 말까 이 궁리 저 궁리 고민을 할 때마다 짝꿍은 응원의 말을 집어 던진다.

"오빠! 무슨 걱정이야. 너무 걱정 마! 지금까지 잘 해왔잖아! 오빠 하고 싶은 대로 해! 양가 부모님 생활비랑 용돈 좀 드리고, 고등학교 딸 학원 4개 정도만 보내고…. 아, 참! 오빠 요즘 노안에 오십견이던가? 그래서 어깨도 못 들고, 무릎도 안 좋은데 실손보험료 좀 내고, 자동차 팔고 걸어 다니면 되지 뭐. 은행 이자 3.77%면 행운의 숫자네. 올여름 120년 만의 폭염이라던가? 전기세 나오면 얼마나 나오겠어? 너무 걱정 마! 아참, 오빠! 나 아르바이트 좀 할까?"

아! 그녀는 오전만 살고 있구나!

P.S.
놀고 싶어서 2015년부터 전 직원이 1년에 한 달은 휴가를 떠나는 광고회사를 만들었습니다. 그래서인지 점점 망해가고 있습니다.

인생이란...?

인생을 낭비한 죄

'어라! 벌써?'

언제 먹었는지 어느덧 불혹과 지천명이란다.

에이~ 농담이겠지! 마음은 여전히 주유소 풍선처럼 한없이 흔들린다. 하늘의 뜻을 이해하는 나이라고? 장난하나? 당장 오늘 저녁 일조차 알 수가 없다.

그니까! 네 죄는 인간이 저지를 수 있는 최고의 죄야!

옛날 옛적 호랑이 담배 피던 시절, 「빠삐용」이라는 영화가 있었다.

앙리 샤리에르라는 사람의 자전적 소설이 원작이다. 살인 누명을 쓰고 종신형을 선고받은 주인공 빠삐용. 그는 억울하다. 분하다. 프랑스령 기아나의 악명 높은 감옥에 갇힐 사람은 자신이 아니기 때문이다. '지금쯤 난 파리의 카바레에서 놀고 있어야 해! 그런데 다른 놈이 그곳에 있고, 내가 이곳에 있다니!' 그러니 탈출할 수밖에! 어라? 그런데 이 사람 운도 복도 없다. 탈출을 밥 먹듯 하는데 밥 먹듯 다시 붙잡혀 밥 먹듯 독방행이다. 2년 독방, 5년 독방, 탈출할수록 독방의 마일리지는 쌓여만 간다. 원룸텔과 고시원 생활을 해본 사람은 안다. 독방이란 곳이 원래 고통이다. 먹을 것도 햇빛도 없다. 그래서 그의 메인 요리는 언제나 바닥에 기어다니는 벌레다. 그렇게 단백질 보충을 하던 어느 날, 비몽사몽 꿈을 꾼다. 멋진 모자와 슈트 차림의 빠삐용이 사막 한가운데를 홀로 걷는다. 신기루처럼 일렁이는 모래 지평선 너머 10여 명의 배심원이 그를 기다리고 있다. 그는 억울하다. 분하다. 억울함을 끌어모아 배심원들에게 호소한다.

"나는 무죄요!"
"아니 유죈데!"
"왜요? 왜? 내 죄가 뭔데요?"
"네 죄는 인간이 저지를 수 있는 최고의 죄지."
"그게 대체 뭐냐고요?"
"인생을 낭비한 죄!"

그는 한참 동안 말이 없다. 다시 사막으로 되돌아가며 혼잣말을 되뇔 뿐이다.

"그럼, 유죄군요! 유죄… 유죄… 유죄."

토요 명화였나? 주말의 명화였나? 어릴 적 TV에서 본 이 장면은 나이가 든 지금도 두고두고 머릿속에 또렷하다. 말하자면 내겐 '반려 무비씬'인 셈이다.

대학에 떨어져 재수, 삼수를 하면서 죄책감이 들었고, 취업이 안 될 때는 머리를 쥐어박으며 인생을 낭비하고 있다고 느꼈다. 사회생활을 하며 나보다 먼저 앞서 달려가는 사람들을 보았을 땐 나 스스로 유죄, 유죄를 외치며 살았다. 그렇게 사막에서 죄인으로 평생을 살았다. 어쩌면 단 한 번도 무죄라고 생각해 보지 못했던 것 같다. 그래서 더 억울하다. 분하다. 인생을 낭비한 죄는 대체 뭘까?

인생을 헛되이 보냈다는 걸까? 인생을 헛되이 보냈다는 기준은 그럼 또 뭐란 말인가? 남들처럼 돈도 많이 벌지 못하고 한강뷰 아파트와 외제차 없는 인생을 말하는 걸까? 무언가 결실을 맺어야 하는데, 이루지 못했다는 걸까? 그것이 인생을 낭비한 진짜 죄라면 아마 난 명백한 유죄다. 그렇지만 나는 나를 변호하려 한다. 누구나 자기 인생을 자기 방식대로 살아간다. 내 기준은 이렇다. 나이 마흔에, 쉰에 내가 하고 싶은 것을 하고, 보고 싶은 것을 보고, 듣고 싶은 것을 듣고, 먹고 싶은 것을 먹고, 놀고 싶은 것을 놀 줄 아는 삶. 그래서 죽는 날! 아! 참 잘 놀다 간다! 이렇게 말할 수 있는 인생이 '인생을 낭비하지 않은 삶'이라는 생각이다.

하고 싶은 것만 하고 살아도 인생이 모자란다.

인생을 낭비한 죄는 공부만 하다가, 일만 하다가, 하고 싶은 거 한번 제대로 해보지도 못하고 쭈글쭈글, 쪼글쪼글 독 짓는 늙은이가 되는 삶이다. 부모는 자식이 태어나면 자식이 행복하고 즐겁게 살기만을 바란다. 고통스럽게 참고 견디고 인내하는 삶을 살아라! 아가! 너는 커서 수도승이 되렴! 절대 이러지 않는다.

그렇다! 하고 싶은 것 못하고 평생 일만 한다면 그것이 바로 유죄다. 그러므로 인생을 낭비한 죄는 하고 싶은 거 못하고, 놀고 싶을 것 못 놀고 나이가 들어 후회와 함께 무덤에 들어가는 삶이다.

그러니 놀아야 한다. 뭐, 배부르고 한가한 소리라고? 그럴지도 모르겠다. 그렇지만 그런 '인생'도 한 번쯤 살아볼 만하지 않을까 싶다.

낡은 옥탑방을 계약했다. 이건 순전히 놀기 위한 모험이다.

짝꿍과 나는 그런 이유로 놀 공간을 찾아 헤맸다. 모아둔 큰돈이 있는 것도 아니다. 그래도 놀고 싶었다. 기왕이면 사람들 많고 함께 어울려 놀기 좋은 아주 아주 물(?) 좋은 장소를 몇 달간 물색했다. 성수동에 뚝도시장이라는 곳에 월세 60만 원짜리 단독주택을 놓치고 후회했다. 서울숲 앞 사무실은 계약 당일 갑자기 임대료를 올리겠다고 해서 무산되기도 했다. SM 앞이라 실컷 연예인 좀 보려 했는데 말이다. 결국 돌고 돌아 20년간 생활한 강남의 어느 낡은 빌딩의 옥탑방을 계약했다. 이건 순전히 놀기 위한 모험이다.

한편으로 두렵다.
'인생을 낭비한 죄'

나와 짝꿍이 해석을 잘못한 것인지도 모른다. 되돌릴 수 없는 막다른 길이면 어쩌지? 막다른 길을 '막장'이라 한다. 탄광에서 석탄을 캐기 위해 뚫어놓은 갱도의 막다른 길 말이다. 그렇다면 나와 짝꿍이 앞으로 써 내려갈 드라마는 '막장 드라마'일 테다. 그처럼 흥미진진한 볼거리가 또 있을까? 인생… 다시 돌아온 사람이 없는 것으로 보아, 아직 유무죄는 알 수가 없다. 그래서 이제부터 신나게 놀아볼 생각이다. 인생을 낭비하며 일만 했던 지난날의 유죄를 뉘우치면서 말이다. 뽀로로 말이 백번 옳다. 노는 게 제일 좋다.

대체 뭐 해 먹고 살려고?

"대체 뭐 해 먹고 살려고?"

부부가 옥탑방에 출근한다고 하니,
제일 먼저 물어보는 질문이다.

"글쎄요… 뭐 안 해 먹고 살려고 시작한 일인데요…."

될놈될, 그런 멋진 인생은 없다.
어.른.이.라고 뭐 별거 없다. 어렵다!

사느냐 죽느냐,
사랑이냐 우정이냐,
퇴사냐 이직이냐,
도전이냐 포기냐,
짜장이냐 짬뽕이냐, 그것이 문제다.

 인생은 매 순간이 결정이다. 나이 먹으면 어른이 되면 더운 여름, 냉면 먹듯 후루룩 무엇이든 쉽게 결정할 수 있을 줄 알았다. 물론 그렇지 않다. 어른이라고 뭐 별거 없다. 결정은 나이를 가리지 않는다. 어렵다.

 10년 전 M&A를 통해 운영하던 광고회사를 우회 상장 시키고 나니 나이 마흔에 갑자기 번아웃이 왔다. 그렇게 재미있던 광고가 재미없어지는 거다. 번아웃도 번아웃인데, 호환 마마보다 무섭다는 그 흔한 마흔 사춘기가 겹친 거다. 모든 게 다 견디기 힘들었다. 무언가 더 달려가야만 할 거 같은데 갑자기 훅! 연극이 끝나버렸다. 어두운 무대에 홀로 남은 배우처럼 허무했다. 나는 무엇? 여긴 어디?

회사가 인수 합병되면서 내가 만든 회사는 이제 남의 회사가 되었고, 수많은 시간을 함께했던 150명의 직원도 남의 회사 직원이 됐다. 나는 월급 사장이 되었다. 이건 뭐지? 내가 낳은 아이가 어느 날 갑자기 다른 집의 아이로 둔갑을 했다. 내가 니 애비라니까? 거 뉘신지? 애비를 애비라 자식을 자식이라 부르지 못하는 거다. 호부호형을 못하니 어질어질했다.

3년간 이직할 수 없는 조건이 끝나고 피 토하는 고민이 시작됐다. '남을까? 다시 시작할까?' 상장사 임원으로 남아 가늘고 모질고 길게 소면처럼, 냉면 면발처럼 살아갈 거냐…. 어렵고 위험하지만, 다시 도전해 볼 거냐. '라떼' 이야기입니다만, 암튼 그랬습니다.

한번 살아본 인생이 아니니까! 그러니까 어쩔래?

다시 매 순간 결정이다. 어렵다. 그래서 점쟁이를 찾는 거다. 용하다용하다는 점집이 문전성시인 이유다. 한 번 살아본 인생이 아니니까! 나 대신 누군가 주사위를 던져줬으면 하니까. 맞다! 책상에 앉아 폼나게 "자! 빠르게 진행시켜!" 워워…. 이렇게 멋지게 결정하는 건 영화에서나 있는 거다. 그런 멋진 어른은 없다.

가끔 대학 초청 강연을 할 때 학생들에게 꼭 들려주는

이야기가 있다. 무언가 인생에 큰 결정을 해야만 할 때 어떻게 할 것인가?

　입생로랑이라고 있다. 맞다! 그 명품 입생로랑이다. 천재 디자이너였던 입생로랑은 21살의 나이에 크리스찬 디올의 수석 디자이너가 됐다. 이것만으로도 대단한데 약 3년 후 자신만의 브랜드를 만들 결심을 한다. 이게 다 뛰어난 감각과 센스 덕분이다.

　한데, 자신 앞에 놓인 탄탄대로를 박차고 어려운 위험을 감내할 수 있을지 도통 결정을 할 수 없었다. 어떻게 했을까? 간단하다. 종이를 꺼내 연필로 선을 하나 쭈욱 긋고 연필을 세웠다. 연필이 오른쪽으로 쓰러지면 디올에 남고 왼쪽으로 쓰러지면 퇴사해서 독립하련다. 왼쪽으로 쓰러진 연필 덕에 입생로랑은 세상에 나와 최고의 패션 브랜드를 만들었다고 한다. 만약 연필이 오른쪽으로 쓰러졌으면 어떻게 됐을까? 아마 남았어도 최고 디자이너가 됐을 거다. 뭐 아님 말고.

　될놈될! 안될놈안될! 후회하지 말자.
　될 사람은 어디서도 된다. 될놈될이다. 물론 안될 사람은 어디서도 안될 것이고, 내 말은 이렇다. 너무 고민하지 말자는 거다. 결정은 짧게 하되 한번 결정했다면 뒤돌아보지 말고 후회를 남기지 않게 미칠 듯 열정을 쏟자는 거다. 그저 단순하게 생각하고 그 결정에 후회 없이 달리면 그만이다. 물론 결정이란 게 참 어렵다. 나이 따위는 문제가 아니다. 뭐 그렇다는 거다. 그래서 회사를 나와 10명 안팎의 작은 광고회사를 다시 만들었다. 옥탑방에도 출근한다. 역시 집 나오면 고생이다. 망해가는 걸까? 혹시 망하면 어쩌지? 될놈될, 안될놈안될! 어쨌든, 입생로랑이 될지 안 될지는 두고 볼 일이다. 안되면 말고.

지금부턴, 어나더 라운드

옥탑방으로 출근하는 이유라면 이유랄까.

다시 한번 이야기하지만, 나와 짝꿍이 이 옥탑방으로 출근하는 이유는 순전히 놀기 위해서다. 그것도 아주 대책 없이 '잘' 말이다.

그런 이유로 아내는 10여 년간 운영하던 마케팅 회사를 정리했고, 나는 망해가는 광고회사 대신 이곳으로 출근한다. 음… 그러니까 우리 부부도 아주 대책 없긴 매한가지다.

대략의 하루 일과는 이렇다. 출근을 하면 차 한 잔씩 나눠 마시고 각자 브런치와 블로그에 글을 쓴다. 돈이 안 되는 건 당연하다. 돈 벌려고 시작한 일이 아니니까. 알렉스 퍼거슨 경을 비웃으며 SNS에서 인생 낭비를 좀 하고, 앞으로 어떤 재미있는 콘텐츠를 만들지, 어떻게 하면 잘 놀지, 네가 잘났네, 내가 잘났네 이야기를 나눈다. 그리고 각자 듣고 싶은 음악을 듣고, 그림을 그리고, 읽고 싶은 책을 읽는다. 아! 물론 빠지지 않는 것이 있는데 바로 낮술이다. 애미 애비도 못 알아본다는 그 낮술 말이다. 뭐 어떤가? 우리가 이미 애미 애비인 것을….

> *쇼코는 어른이다. 어른에게는 대낮부터 술을 마시는 일도 있다는 사실을 알아주면 좋겠다.*
>
> *- 하라다 히카 『낮술』 중*

그렇다. 우리는 어른이다. 게다가 중년이다. 불혹과 지천명이다. 낮술 마시기 딱 좋은 나이다. 낮술은 참 묘하다. 기분 좋은 알딸딸한 취기와 아직도 오늘이 한참 남아있다는 즐거움이 우리 부부가 낮술을 즐기는 이유다. 한참을 놀았는데 아직도 남아있는 하루! 뭔가 덤으로 얻은 것만 같은 또 다른 한판이 참 좋다.

토마스 빈터베르 감독의 덴마크 영화 「어나더 라운드」는 우리 부부처럼 낮술을 좋아하는 주정뱅이들을 위한 영화다. 혈중 알코올 농도 0.05%가 되면 적극적인 성격이 된다는 가설을 바탕으로 실험을 해나가는 중년 남성들의 이야기다. 이들은 젊은 날의 열정이라고는 코빼기도 보이지 않는 고교 교사들이다. 그러니 직업도, 살아가는 일상도 재미없다. 그들의 인생은 덴마크의 겨울 날씨만큼이나 우울해 보인다. 그러다 술을 접하면서 그들의 삶에 작은 변화들이 생기고 관계가 점차 발전한다는 아주 교훈적(?)인 영화다. 그 실험의 결과는 과연 어떻게 되었을까? 비극일까 희극일까? 영화의 끝에서 주인공은 한바탕 춤을 춘다. 그것은 참 자유로운 춤이다.

술도 술이지만 이 영화가 오래도록 기억되는 이유는 바로 제목 때문이다. 어나더 라운드! 낮술이 좋은 이유가 오늘이 아직 한참 남아있는 이유인 것처럼, 술판이라면 한 잔 더할 기회가 또 있다는 것이다. 1차, 2차, 3차 자리를 옮기면 또 다른 술판이 시작된다. 그렇게 거나하게 취하고 의당 자리를 옮겨 또 새로운 기분에 즐겁게 한잔하면 그만이다.

술자리가 아닌 인생이라면 얼마나 좋을까? 자! 지금까지 살아온 삶을, 인생을 한번 정리하고, 또 다른 2차, 3차의 무대로 자리를 옮겨 또 새롭게 시작한다면, 그렇게 또 다른 인생의 막에 오른다면 말이다.

지금부터 어나더 라운드, 이제 겨우 하프타임이다. 이것이 부부가 옥탑방으로 출근하는 이유다.

어쩌면 인생에서 그런 어나더 라운드를 꿈꾸고 만들어가고 싶기 때문이다. 지금까지 나는 지나쳤다. 지나치게 많이 공부했고, 지나치게 많이 취업 준비를 했고, 지나치게 많이 일했다. 지나치게 남편과 아내로 살았다. 지나치게 엄마, 아빠로 살았다. 이제 그만 지나쳐도 될 일이다. 이 옥탑방에서 어떻게 살지, 무엇을 하며 살아갈지 아직은 잘 모르겠다. 그렇지만 불혹과 지천명. 100살을 사는 게 인생이라면 우리는 이제 겨우 전반전을 마쳤다. 그렇다면 옥탑방은 하프타임일 테다. 하프타임엔 잘 쉬어야 한다. 그래야 후반전에 멋진 경기를 할 수 있을 테니 말이다.

그래서 누구도 시도해 보지 않은 옥탑방 출근을 먼저 실험하는 거다. 어나더 라운드가 인생이라면, 옥탑방은 내 인생의 전혀 새로운 라운드다. 지금까지 달려온 인생과는 다른 n차의 무대다. 이곳에서 아주 망할 수도 있다. 그럼 뭐 또 어떤가. 내가 선택한 길이다. 어차피 한번 사는 인생이다.

P.S.
펭귄 효과라고 있다. 남극 펭귄들이 먹이를 찾아 바다를 건너려 한다. 수만 마리의 펭귄들이 주저하고 머뭇거린다. 바닷속엔 그들을 잡아먹으려는 바다사자며 상어가 우글거리기 때문이다. 그때 용감히 제일 먼저 바닷속을 뛰어내리는 펭귄이 있다. 그 펭귄을 따라 수만 마리가 한꺼번에 차가운

물 속으로 뛰어내리게 된다. 가장 먼저 뛰어내린 그 용감한 펭귄! 나는 그런 펭귄이고 싶다. 바다 건너 또 다른 인생의 어나더 라운드를 꿈꾼다.
아차차. 그런데 그 용감한 펭귄이 제일 먼저 잡아먹힌다나 뭐라나.
음… 괜한 짓 했나?

옥탑방의 문과남자, 이과여자

 그렇다! 나는 문과남자다. 내가 만일 선사시대에 태어났으면 아마 단 하루도 살아남지 못했을 거다. 문과남자니까. 반면 짝꿍은 고생대부터 현재까지 전 세계 어디에 내놓더라도 생존하고 적응하며 살아남을 사람이다. 곰벌레다. 그렇다! 그녀는 이과여자다. 게다가 어디선가 무슨 일이 생기면 틀림없이 나타나서 해결하는 여자다. 아니 해결해야만 직성이 풀리는 여자다. 반대로 나는 사소한 하나하나 매듭을 풀기 어려워, 전전긍긍하는 해결불구자다. 나 같은 부류의 사람들만 있었다면 인류는 아직까지 석기시대를 벗어나지 못했을 거다.
 우린 달라도 너무 다르다!
 생활의 패턴 또한 다른데, 종달새형 인간인 나는 휴일이면 밤 11시에 잠이 든다. 새벽 4시에 일어나, 책을 보고, 글을 쓴다. 반면 올빼미형 짝꿍은 음악을 듣고, 책을 읽고, 유튜브를 보며 2~3시에 잠이 들어 아침 9시에 일어난다. 서로 같은 침대를 쓰는 시간은 한두 시간이 고작이다. 이럴 거면 1인용 침대를 살걸 그랬다. 음식도 고기파와 생선파, 술도 소주파와 맥주파다. 옷도, 취향도, 취미도 모두가 다르다. 전 세계 사람들을 한 줄로 쭈욱 세워놓는다면 아마 그녀와 난 이 끝에서 저 끝, 남극과 북극에 서 있을 운명이다. 영영 닿지 않는 곳에서.

"우린 참 달라!"

옥탑방으로 같이 출근을 하면서도 이 말을 많이 했다.
책상을 하나 구하더라도, 취향이 극과 극이니, 언쟁이 잦다. 네가 옳네, 아니 내가 옳네. 아니 사랑하면 닮아간다면서? 사랑하면 같은 곳을 본다면서? 구라다! 개풀 뜯는 소리다!
존 그레이의 책 『화성에서 온 남자, 금성에서 온 여자』는 이런 다른 행성에서 온 것만 같은 남녀 간의 차이를 이야기한다. 이들은 각기 전혀 다른 말과 사고를 하는 행성에서 왔지만 '지구'라는 곳에서 오랫동안 살고 적응한 탓에 자신들이 원래 다른 행성에서 왔다는 사실을 잊어버렸다. 그래서 자기가 생각하는 것, 원하는 것을 상대방도 원할 거라 찰떡같이 믿는다. 여기에서 갈등이 시작된다. 남녀의 근본적인 사고의 차이, 소망의 차이, 표현의 차이 등을 모르기 때문이다. 결국 화성에서 온 남자와 금성에서 온 여자의 평화는 서로의 다름을 인정하는 것에서 온다고 작가는 말한다.

이 말이 옳다면 짝꿍과 나는 분명 은하계 최고의 평화주의자가 틀림없다. 피스~! 그래서 지루하지는 않다. 서로가 다르니 가끔 짜증은 나도, 각자의 취향을 인정해 주면 그만이다. 너는 너, 나는 나다. 그녀와 나는 그렇게 전혀 다른 존재, 낯선 존재다.

낯설다. 나는 이 말이 참 좋다. 낯섦은 새로운 것이다. 나에게 없는 다른 것이다. 우리가 늘 여행을 동경하는 이유이기도 하다. 낯선 장소에서 낯선 경험과 낯선 사람들과의 뜻밖의 만남, 세렌디피티다. 현실의 이곳과 같은 바에 뭣 하러 아까운 돈 들이고, 시간 들여 여행하겠는가?

사랑도 그렇다. 다르니까!

그래서 더 끌리는 거다. 그렇다. 질리지 않고 오랫동안 사랑하려면 다름을 인정해 주자. 그런데 시작하는 연인들은, 서로 닮아가지 않는다고 발광이다. 내 맘을 몰라준다 섭섭해한다. 같지 않은데 어쩌란 말이냐? 빨간색을 파

란색으로 만들려 파란색을 섞는다고 파랑이 되지 않는다. 자꾸자꾸 섞다 보면 파랑이 아니라 검정이 된다. 그건 파국이다.

그래서 나는 요즘 MBTI가 꽤나 좋다. 너는 너, 나는 나, 우린 서로 다른 존재임을 자연스럽게 말하기 때문이다. 혈액형 따위로 구분 짓던 시대는 지났다. 우리는 서로가 같지 않다. 그게 중요한 게 아닐까? 이 우주에 단 하나의 존재인데, 대체불가의 존재인데. 같음을 닮을 것을 바랄 것이 아니라, 그 나름의 다름을 인정하고 보호해 주고 사랑해야겠다. 사람은 변하지 않는다. 변하지 않는데 사랑한다고 변했다면 그건 틀림없이 바람이 난 거다.

  너는 너, 나는 나! 나는 문과남, 그녀는 이과녀.

  오늘도 우린 티격태격 옥탑방으로 출근한다. 사랑하지만… 물론 바람 잘 날은 없다.

어느 살인청부업자의 고백

나는 살인청부업자다. 아침에 침대에서 눈을 뜨며 오늘 하루 누가 죽어 나갈지 곰곰이 생각한다.

AE? CW? PD?

영화 속 주인공은 참 부럽다. 어쩜 이토록 좋은 직업을 갖고 저토록 멋지고 풍요롭게 살아갈 수 있을까? 신분을 숨기고 활동하는 국정원 최정예 요원이라든지, 죽은 사람도 벌떡 일으키는 심장외과 의사라든지, 야구단을 살리기 위해 고용된 냉철한 스포츠 단장이라든지. 이야기 자체가 드라마틱한 소재인 데다 이쁘고 잘생긴 주인공들을 보고 있자면 '그래! 바로 저런 게 내가 평생 꿈꿔왔던 그런 직업이었는데…' 탄식하고야 만다. 떡진 머리에 눈곱 낀 얼굴로 새벽같이 출근해 책상머리에 앉아 퇴근 시간만 바라보는 내 무료한 삶이란…. 아! 초라해 보이는 현실의 내 모습과 오버랩되며 무한 대비되고야 만다. 이런 게 어른의 인생인가?

저들의 삶은 뭔가 특별하고 의미 있는 것들로 가득 차

있는 것만 같다. 저런 직업이라면! 저렇게 사는 인생이라면! 얼마나 행복할까? 현실의 내 꾀죄죄하고 궁상맞은 모습을 보고 있으면 그저 저들이 한없이 부럽기만 하다. 그런데 저들의 현실도 그토록 찬란할까? 아름다울까? 천만에. 절대 그럴 리 없다. 그럼 나는 왜 나에게 만족하지 못하고 부러움쟁이가 되어가는 걸까? 그래 바로 그거다. 내가 경험해 보지 못한 타인의 삶은 언제나 흥미로우니까. 내 삶만 빼고 모두가 다 행복해 보이니까….

"무슨 일 하세요?"
"광고 만듭니다."
"오호! 재미있겠네요."

광고를 만드는 사람 역시 영화나 드라마에서는 아주 잘나가는 전문직이자 낭만적인 직업인이다. 그래서 광고 만드는 일이 제법 폼나게 그려진다.

만족할 만한 광고 아이디어와 콘셉트를 뽑고 멋진 광고 카피를 한 줄 만들고 세상 사람들이 홀딱 반할 감각적인 광고영상을 제작하고 내가 만든 광고가 TV와 유튜브에 쏟아져 나올 때면 꽤나 우쭐한 기분이 든다. 30대 때 영화판에서 느꼈던 영화의 엔딩 크레디트의 감격과 비할 바 아니다. '오! 신이시여! 정령 제가 이 광고를 만들었단 말입니까.' 그렇다. 아이디어 회의를 하고, 의도에 맞는 아주 아주 섹시한 기획과 전략, 멋진 콘셉트와 키 메시지를 만들고, 영상 제작을 하다 보면 광고 일이 이만저만 멋있어 보이지 않는다. 게다가 제안 PT를 끝마치자마자 광고주는 감동에 겨워 물개박수와 갈채를 쏟아낸다. "오~ 내가 늘 머릿속에 그려왔던 그것을 바로 당신이 만들어줬군요! 브라보! 브라보!" 6시! 땡! 정시 퇴근은 당연하다. 아무의 눈치 따위 보지 않는다. 석양이 지는 와인바에서 멋지게 색소폰을 부는 내 모습에 흠뻑 빠져든다.

'아! 광고회사 다니길 정말 잘했어!'라면 얼마나 좋을까만! 이런 생각과 꿈을 안고 입사한 광고쟁이들은 이제 곧 한 명씩 차례로 죽어 나가기 시작한다. 광고회사에 떠도는 전설이 하나 있다. 죽이고 싶게 밉고, 끔찍이 싫어하는 사람이 있으면 무조건 광고 회사에 취업시켜라! 광고회사에 들어오는 순간, 출근과 퇴근을 박탈당하고 주말과 휴일의 개념은 블랙홀 속으로 사라지고, 술과 담배로 간과 폐가 녹아내리며 아이디어를 누에고치 실처럼 뽑아내느라 머리는 민대머리가 되고, 밤낮없이 노예 부리듯 불러대는 광고주의 비위에 맞춰 밤낮없는 노예가 되어가고 쥐꼬리만큼의 연봉에 맞춰 쥐처럼 살아가야만 하는 을 중의 을! 생각해 보면 꼭 광고를 만드는 직업이 아니더라도 우리는 모두 매 순간 자신을 소모시키며 살아가는 직업인이다. 나 자신의 의지보다는 타인의 의지에 따라 휩쓸려 표류하는 직장인이다. 어라! 좀 슬프다. 마음이 좋지 않다. 분명, 어렸을 때, 선생님께서 내게 가르쳐 준 직업인의 세계란 멋지고 폼나는 '자아실현의 장場', 아주 꿈같고 달콤한 젖과 꿀이 흐르는 그 무언가라 하지 않았던가?

수전 손택은 『타인의 고통』에서 전쟁과 폭력의 이미지를 통해 타인의 고통을 바라보는 우리의 시선을 탐구한다. 그녀는 사진과 미디어가 고통의 진실을 얼마나 왜곡하고 이를 보는 사람들이 얼마나 무감각하게 되는지를 깊은 통찰로 이야기한다. 사진은 고통을 담아내지만, 그 고통을 진정으로 이해하고 공감하는 것은 별개의 문제라는 거다. 사람들이 진정으로 그 고통을 이해하고 느끼는 것은 또 다른 도전이라는 하겠다.

그녀의 말을 좀 빌리자면… '타인의 직업'이라고나 할

까? 스크린과 브라운관에서 보이는 직업의 세계란 누구나 동경해 마지않는 이상적 모습이지만, 매일 현실을 살아가는 직업인의 삶이란 결코 멋지지도 그리 폼나지도 않는다. 우리는 안다.

전직 국정원 요원은 언제 자신이 제거될지 몰라 늘 불안함에 잠을 못 이룰 것이고, 심장외과 의사는 밥 한 끼도 맘대로 먹을 시간이 없고, 스포츠 단장은 언제 잘릴지 몰라 안절부절못한다. 어쩌면 그저 책상 앞에 앉아 고통받는 내 모습과 별반 다르지 않을 것이다. 에잇! 왜 학교 선생님은 진작 알려주지 않았을까? '타인의 직업' 같은 그런 인생은 없다고.

오늘도 나는 이런 우울한 기분으로 회사에 출근한다. 면접 테이블 앞에 앉아 어떤 녀석을 죽일지 고르고 또 고른다. 나는 광고회사 20년 차 대표다. 살인청부업자다.

AE 광고기획자
CW 카피라이터
PD 프로듀서

오늘 죽어 나갈 데스노트 명단이다.

고생은 사서 하는 게 맞습니다

 산은 산이요, 물은 물이다. 山是山 水是水.

 어라? 지금 보니 유명 래퍼의 끝내주는 라임 같다. 너무나도 잘 알려진 이 법어는 성철 스님이 인용하면서 더 유명해진 말이다. 광고로 밥벌이하는 입장에서 봐도, 정말 귀에 쏙 들어오는 광고 카피다. 뭐랄까? 아주 아주 찰지게 근사하고 섹시하다. 아니 그런데, 당연한 거 아닌가? 산은 산, 물은 물, 너는 너, 나는 나! 이 당연한 이치가 마음이 복잡하면 산은 산으로 안 보이고 물은 물로 안 보인다 한다. 혹시 노안? 눈병? 무슨 무슨 인지능력 장애? 뭐 이런 걸까? 산이 물로 보이고, 물이 산으로 보인다나 뭐라나… 어쨌든, 산을 산으로 물을 물로 보려면 집착 없는 마음으로, 평온한 마음으로 있는 그대로 받아들여야 한다는 깊은 뜻이다.

 옥탑방에 출근한 첫 일주일, 나와 짝꿍은 낡은 이곳저곳을 손봐야 했다. 벼룩시장, 중고시장을 뒤져가며 들어갈 물건도 찾았다. 셀프로 바닥을 깔 때는 바닥 시공 서비스로 업종을 바꿔볼까도 생각했다. 제법 잘 깔았기 때문이다. '오! 신이시여! 이것이 정령 제가 깐 바닥이란 말입니까?' 때는 한여름이다. 30도와 40도를 오르내리는 7평 방은 이미 불타오르는 아프리카가 됐고, 짝꿍과 나는 세렝게티를 이리 펄쩍 저리 펄쩍 뛰어다니는 중년의 임팔라 한 쌍이었다. 몸은 비록 힘들었지만, 큰돈 들이지 않고도 책 읽고, 글 쓰고, 음악 듣고, 가끔 술 한잔을 할 수 있는 이 안락한 공간이 마음에 들었다. 기분이 아주 좋았다.

'기분이 아주 좋았다.' 맞다. 우리는 안다. 이런 생각이 드는 순간은 늘 싸늘하다. 가슴에 비수가 날아와 꽂힌다. 200년에 한 번 내릴까 말까 한 장맛비란다. 뉴스에서는 하늘이 뚫렸네, 강물이 넘치네, 도로가 잠겼네! 난리다. 옥탑방이 있는 강남 일대 도로도 단군 이래 최대의 워터파크가 되었다. 어린애라면 튜브라도 타며 폴짝폴짝 좋아했겠지만, 난 낡은 옥탑방 걱정뿐이다.

아니나 다를까⋯. 다음날 출근하니 바닥은 이미 물로 흥건하다. 천장을 올려다본다. 작은 틈새로 빗물이 스며 나와 바닥에 또록 떨어진다. 이건 내 마음에서 떨어지는 눈물인가? 바닥에 고인 물을 닦고, 플라스틱 컵으로 빗물받

이를 만들어 이곳저곳에 놓는다. 바닥에 컵만 다섯 개다. 입주한 지 겨우 1주일인데, 마음은 한없이 무겁다. 복잡하다. '이 곰팡내 나는 곳에서 난 대체 뭘 하려는 건가? 내가 이러려고 회사 대신 옥탑방에 출근한 건가?' 심란하고 산란했다. 월세 1백만 원이면 부자 동네 강남에서 제법 저렴한(?) 임대료라지만… 어디 마음이 그런가? 피 같은 내 돈이 흡혈귀 수혈하듯 막 빠져나가니 정신을 차릴 수 없다. 천장에서 떨어지는 빗물은 이제 빗물이 아닌 눈물, 핏물이다.

산은 산이고 물은 물이라고? 이 무슨 개풀 뜯어 먹는 소리인가? 산은 더 이상 산이 아니고, 물은 더 이상 물이 아니다.

> '내가 숲속으로 들어간 것은 인생을 의도적으로 살아보기 위해서였으며, 인생의 본질적인 사실들만을 직면해 보려는 것이었으며, 인생이 가르치는 바를 내가 배울 수 있는지 알아보고자 했던 것이며, 그리하여 마침내 죽음을 맞이했을 때 내가 헛된 삶을 살았구나 하고 깨닫는 일이 없도록 하기 위해서였다. 나는 삶이 아닌 것은 살지 않으려고 했으니,

삶은 그처럼 소중한 것이다.'

『월든』은 헨리 데이비드 소로가 매사추세츠주 월든 호숫가 숲속에 오두막을 짓고 2년 6개월간 자급자족하며 살았던 경험을 바탕으로 쓴 에세이다.「나는 자연인이다」의 19세기 버전이라고나 할까? 소로는 사회의 복잡함과 물질주의에서 벗어나, 단순한 삶을 통해 인간 존재의 본질을 탐구하고자 했다. 소로가 헛된 삶을 살지 않고 인생의 본질을 찾기 위해 오두막으로 들어갔다면, 나는 그런 이유로 이 옥탑방에 출근하는 셈이 아니던가? 후회 없이 살자! 인생 뭐 없다.

그런데 시작부터 대차게 의지가 꺾이는 느낌이다. 그래, 난 소로가 아니다. 더욱이 자연에는 눈곱만큼도 관심이 없다. 득도할 생각은 더욱이 없다. 그저 지금까지 미칠 듯이 일만 하며 살아왔으니, 이제 그 나머지 삶을 놀고 싶을 뿐이다. 그것도 아주 아주 잘 놀고 싶다. 이게 본질이다.

'기왕 친 사고, 이왕이면 재밌게 놀아보자.' 빗물을 닦으며 생각한다. 어쩌다 보니 이렇게 됐다. 어차피 친 사고다. 기왕 친 사고니 이왕이면 더 재밌어 보자. 양철통이라면 물방울 소리가 음악이 될지도 모르는 일이다. 빗물이 쏟아지면 진짜 워터파크라도 만들어보자.

 어쩌면 옥탑방의 이 모든 게 그 자체로 완벽한지도 모른다. 그리고 나는, 그저 지금 여기에 있다. 언젠가 이 장맛비도 그칠 거다. 그렇다. 늙었을 때 고생도 사서 한번 해보는 거다! 뭐 아님 말고! 아! 이러다 나 득도하는 건가!

회사가 망하는 중입니다

 그래 맞다. 신세한탄이다. 경기가 어려우니 어디 뭐 나만의 고민이겠는가마는, 회사가 망하는 중이다. 크리에이티브를 인정해 주지 않는 지랄맞은 광고주, 팍팍하고 치열한 경쟁, 고갈돼 가는 아이디어, 빌어먹을 시장 상황까지 이제 광고회사들은 숨이 꼴딱꼴딱 넘어가는 심폐 소생 CPR 직전의 응급 상황이다. 내 회사도 마찬가지다. 망하는 중이다.
 문득 정신이 번쩍 든 미어캣처럼, 현실을 돌아본다. 그래, 당장 회사가 망하면 무엇이 남을까? 직함? 직책? 알량한 명함? 그리고 또 뭐가 있지? 회사를 빼고 나면 온전한 나는 대체 어디에 있는 걸까? 난 대체 뭐란 말인가? 그동안 나는 회사와 나를 동일시하며 살아왔다. 평생 광고 일을 해왔으니, 광고와 나를 동일시한 셈이다. 물아일체다. 그러다 보니 TV 속 모델을 나로 착각해 왔다. 정우성이, 차은우가, 변우석이 나인 줄 알고 살았다.
 그러던 어느 날 갑자기 전원이 나간 거다. 꺼진 검은색

TV 화면에 비친 나는 해리포터의 도비가 아닌가? 대체 정우성, 차은우, 변우석은 어디로 간 게냐? 이게 뭔가? 나만 몰랐다. 배경을 지우니, 초록색 크로마키에 대롱대롱 매달려 허우적대는 대역배우만이 보일 뿐이다.

 그렇다. 우리는 자신을 회사로 알고 살아간다. 대리, 과장, 팀장, 실장, 국장, 사장. 그런 배경이 온전한 나 자신인 줄 알고 산다. 이게 다 그 알량한 명함 탓이다. 그런데 배경이 지워지면 초록색 쫄쫄이를 입고 허공에서 허우적대

는 초라한 도비만이 보일 뿐이다. 아! 멘붕이다. 내가 이러려고 뼈를 갈아가며 회사에 몸을 바친 건가?

그러니 방아쇠를 당길 수밖에 없는 거야.

"그거 알아? 아빠는 지금 아무것도 아니게 될까 봐 겁나서 이걸 하고 있는 거야."
"……."

「버드맨」이란 영화가 있다. 주인공 리건 톰슨은 한때 할리우드에서 슈퍼히어로 영화 「버드맨」 시리즈로 엄청난 인기를 끌었던 배우다. 하지만 지금은 그 인기에 갇혀 배우로서의 진정성을 인정받지 못한 채 잊혀져 가고 있다. 한물간 거다. 과거의 명성을 되찾고 배우로서 진짜 가치를 증명하기 위해 그는 브로드웨이 무대에 도전한다. 잘 될까? 천만의 말씀!

리건에게는 또 다른 문제가 있다. 바로 버드맨의 목소리가 그의 머릿속에서 끊임없이 그를 비웃고 조롱하며, 그가 다시 슈퍼히어로 영화로 돌아가길 종용한다. 잘나가던 시절로 돌아가라 그를 끊임없이 괴롭히는 환영인 셈이다.

한때 잘 나가던 슈퍼히어로와 자신을 동일시하며 살았던 주인공, 과거의 배경을 지운 그는 지금의 작아진 현실 사이에서 혼란스럽다. 해결책은 과연 뭘까? 빵! 그가 방아쇠를 당길 수밖에 없는 이유다. 어째 좀 슬프다. 그러니 어떻게 나를 온전히 지켜야 할까? 어떻게 하면 내 머리에 방아쇠를 당기지 않을 수 있을까?

내 말은 이거다. 적당히 느그적거리자는 거다. 자신만의 시간을 갖고, 하고 싶은 것 하고, 놀고 싶은 것 놀면서 살자는 거다. 이제라도 늦지 않았다. 적당히 하자. 회사에 그만 충성하자. 회사에 목숨 걸지 말자. 시간이 없다고? 돼먹지 않은 소리다. 누구나 시간은 부족하다. 워런 버핏이나 일론 머스크도 시간이 남아돌지 않는다. 시간은 누구에게나 공평하기 때문이다. 다행이다. 워런 버핏, 일론 머스크와 나 사이에 공통점 발견이다. 누구나 같이 주어진 24시간이라면 오늘 온전한 내 시간을 만들고 나만의 놀거리를 만들면 그만이다.

노는 방법을 모르겠다고? 당연하다. 당신은 평생 제대로 놀아본 적이 없으니까! 부어라 마셔라 흥청망청 놀자는 게 아니다. 내가 해보고 싶었던 일을 해보자는 거다. 음악을 듣고, 그림을 그리고, 악기를 연주하고, 홀로 여행하고,

책을 읽고, 운동을 하고, 유튜버가 되고, 글을 써보자.

회사가 배경이 아닌 진정한 나를 만들어보자는 거다. 이것이 어느 회사의 팀장, 부장, 누구누구의 남편과 아내, 누구누구의 엄마 아빠가 아닌 오직 나 자신을 찾고 지키는 방법이 아닐까 싶다.

돈은 어떻게 벌거냐고? 생각해 보자! 지금까지 평생 아등바등 죽을 둥 살 둥 돈 벌 궁리만 하며 살아왔지만, 자신이 원하는 만큼의 큰돈을 벌었는가? 절대 그런 일은 세상에 일어나지 않는다. 앞으로도 변하지 않을 테다. 그러니 때려치자! 잘 놀자. 혹시 알아? 정말 잘 놀다 보면 취미가 돈을 벌어줄지도 모르는 일이다.

참, 한가하고 팔자 좋은 소리일 수도 있겠다. 그러나 변하진 않는 한 가지 진리는 이거다. 어차피 한번 사는 인생이다. 평생 죽어라 돈만 벌려다가 죽을 거라면 죽기 아니면 까무러치기로 살 필요 있을까? 그러니 방아쇠를 당기기 전에 나를 찾아가자. 회사가 망하는 중이다. 그래서 나는 오늘도 회사 대신 옥탑방으로 출근을 한다. 오늘도 야무지게 놀아볼 생각이다.

그는 신부가 되었고, 나는 한량이 되었다

〈혜화동〉이라는 노래가 있다. '오늘은 잊고 지내던 친구에게서 전화가 왔네. 내일이면 멀리 떠나간다고' 아주 오래된 노래지만 이 노래는 언제나 얼굴 하나를 떠오르게 한다. 노래를 들으며 누군가를 떠올렸던 경험이 누구나 한 번쯤 있다. 나에게도 사람마다의 테마곡이 있다. 예로 짝꿍은 〈플라이 미 투 더 문〉이다. 왠지 모르게 프랭크 시나트라가 부른 〈플라이 미 투 더 문〉을 들으면 처음 좋아했던 그때가 떠오른다. 어라! 좀 낭만적인데! 어쨌든, 혜화동 또한 그런 노래다.

혜화동 로터리를 돌아 야트막 언덕에 자리한 가톨릭 신학대학을 다닌 친구. 그래서인지 노래 〈혜화동〉과 친구는 그렇게 하나의 기억이다.

신학대학은 활동이 자유롭지 못하다. 단체로 기숙사 생활을 한 탓에 얼굴이라도 보려 하면 교문 앞에서 면회를 신청하고 만나야만 했다. 이건 뭐 군대인지, 교도소인지, 교칙도 엄격했는데 생각해 보면 성직자가 되는 과정이니

일반 대학생처럼 먹고 마시고 놀고 할 수 없었나 보다. 지금 그는 신부다.

 신부로도 어느덧 20년이 넘었으니 이제 어깨 좀 펼 법도 한데 성직자로 매여 있는 몸이어서 그런지, 나이 먹은 지금도 이리 가라면 이리 가고 저리 가라면 저리 가야 하는 운명이다. 군대의 군인처럼 명령에 복종해야 하는 게 사제의 의무이기 때문이다.

 그래서 2년 전, 4년 임기로 호주 교민이 있는 시드니 교구의 주임 신부로 파견을 가게 됐다. 친구들이야 몇 년 못 보더라도 그만이지만, 문제는 연로한 아버지와 치매가 있으신 어머니 두 분만 시골에 머무르게 된다는 거다. 게다가 친구는 외아들이다. 속과 세와 떨어져 있어야 하는 것이 성직자의 의무이니, 또 어쩔 수 없는 노릇이다.

 주말 고향에 다녀왔다. 연초부터 건강이 더 안 좋아진 아버지를 보러 친구는 일주일의 휴가를 어렵게 얻어 한국에 잠시 들어왔다. 겸사겸사 친구들을 만나 술잔을 기울이며, 이미 예정된 이별에 안타까워했다. 취기가 올랐는지 밖에서 담배 한 대를 피우는 그에게 말했다.

"백 신부, 그거 알아? 백설공주가 38년생이거든. 네 아버님이랑 동갑이잖아!"

"그래?"

"응! 아직도 백설공주가 총천연색으로 낯빛도 참 좋더라고. 그러니 괜찮으실 거야."

위로랍시고 한마디 건넨다.

"그러네. 아버지한테 말씀드려야겠다."

고맙게도, 시시껄렁한 위로에 웃으며 대답해 주는 친구다.

신부로의 삶과 자식으로의 삶이 있다면… 아마 오늘은 늙고 위중한 아버지의 아들로의 친구다. 무교에 가까운 나는 잘 모르겠지만, 성직자로 신에 대한 믿음과 한 인간으로 이별을 준비하는 감정은 서로 같으면서도 참 다를 것 같다. 아파도 아파할 수 없는 게 또 신부겠거니 하는 생각에 마음이 쓰이고 참 쓰인다.

아마, 그가 호주로 돌아가면 친구는 아버지의 마지막 모습을 보지 못할 것이다. 누구에게나 예정된 이별이 있다. 조금은 아무렇지 않게 말을 건넨다.

"백 신부 걱정 마라…. 너 없어도 친구들이 아버님 마지막 길 잘 모실게."

친구는 말없이 고개만 끄덕였다.

만남의 나이보다는 이제는 이별에 익숙해지는 나이다. 그렇게 그는 신부가 되었고 나는 한량이 되었다. 친구 중 성직자가 한 명 있으면 아주 기분이 좋다. 뭐랄까… 좀 든든하다. 죄를 좀 지어도 이내 용서받을 것 같은 기분이랄까? 바로바로 A/S 받는 기분이다. 게임의 힐러가 팀원인 셈이다. 광고회사에도 이런 힐러가 한 명쯤 있으면 좋겠다. 나도 힐러이고 싶은데 보아하니 직원들에게 나는 제대로 빌런이다. 에잇! 좋은 어른 되기는 다 글렀다.

휴일에 유통기한이 있다면 만년이고 싶어

내일이면, 이지 easy가 비지 busy다.

 숨이 막힌다. 가슴이 답답하다. 무슨 심각한 불치의 병이라도 걸린 걸까? 혈압이 올라가고 맥박은 파닥거린다. 심장은 두 방망이질이다. 위장은 또 왜 이리 거북한 것인지, 속이 다 울렁거린다.

 이 병은 대체 뭐란 말인가? 그렇다. 휴일이, 휴가가 끝나간다. 내일이면 또다시 출근이다. 느긋한 휴일이 점점 지나가니 목을 죄어오고, 한없이 우울해지는 거다. 사람들이 일요일 오후, 네 시 삼십 분을 그토록 싫어하는 이유다. 오늘을 놓아줄 맘이 없는데, 야속한 시간은 나 몰라라 빠르게 도망가 버린다. 아! 어쩌란 말이냐? 이제 곧 편안했던 오늘은 바쁜 내일이 될 것이다.

 언젠가 참 슬픈 이야기를 들었다. 월요병을 없애는 방법으로, 일요일부터 회사일을 신경 쓰고, 일요일에 미리 출근을 해서, 잔무를 하다 보면 돌아올 월요일을 쉽게 적응하고, 월요병이 사라진다나 뭐라나. 정신 나간 농담인 줄 알았는데 믿기지 않는 건, TV 뉴스에 월요병 치료법으로 이 방법이 진짜 나왔다는 사실이다. 이 무슨 돼먹지 않은 소리란 말인가? '죽기 싫죠? 그러니까 미리 죽으쇼'라니.

휴일의 물리 법칙 = 아쉬움의 질량은 한숨으로 쌓인다.

휴일엔 물리 법칙이 작용한다. 여행을 떠나거나 휴일은 보내다 보면, 처음 1/3까지는 언제나 시간이 천천히 흐른다. '아직 한참 남았구만!' 여유롭고 느긋하다. 그런데 이게 웬일인가? 중반을 지나자, 시간은 빛의 속도로 빠르게 흘러간다. 마음은 이제 겨우 놀 준비가 되었는데, 휴일은 어느새 끝이라고 한다. 그러니 우울하다. 닥쳐올 내일의 일상을 생각하니 가슴이 답답하다. $E=mc^2$? 아인슈타인 선생의 물리 법칙 같은 건 잘 모르겠지만 아무튼. 휴일의 오후, 아쉬움의 질량은 한숨으로 쌓여만 간다. 그렇다면, 그 말도 안 되던 TV 뉴스처럼, 휴일을 반납하고, 마음 편히 앞으로 죽을 때까지 일만 하면 되는 걸까?

왕가위 감독의 영화 「중경삼림」 속 사복경찰 223은 옛 애인과 헤어진 지 한 달이 됐다. 그는 유통기한에 집착하는 남자다. 아직 이별을 받아들일 수 없는 그는, 5월 1일이 되면 그녀가 돌아올 것이라 믿는다. 그래서 5월 1일이 유통기한으로 적힌 파인애플 통조림을 매일 하나씩 사 모은다. 하지만 그가 믿던 유통기한은 야속하게 지나가 버린다. 그날 밤 바에서 처음 만난 여인과 사랑에 빠질 결심을 한 223은 금발 가발의 여인을 만나 호텔에서 하룻밤을 지샌다. 다음날 그녀의 생일 축하 메시지를 받은 그가 말한다.

> *"기억이 통조림에 들었다면 유통기한이 영영 끝나지 않기를, 만일 기한을 적는다면, 만 년 후로 해야겠다."*

비록 그녀가 킬러이고 범죄자라 해도, 어쩌면 그에게는 새로운 내일일지 모른다. 그것은 기억을 통조림에 담아, 천년만년 간직하고 싶은 소망이다. 그런 이유로, 나에게 휴일의 유통기한이 있다면 그 유통기한은 만년이고 싶다. 나만 그런가? 모든 직장인의 꿈일 테다.

〈이지 easy〉라는 곡이 있다. 전설적인 가수 라이오넬 리치가 멤버였던 모타운 소속의 밴드, 코모도스의 노래다. 아주 오래된 노래지만, 노래 제목처럼 이 노래를 들으면 참 평안해진다. 마음은 늘 휴일이 된다. 그래서인지, 수많은 광고와 TV 예능, 영화에 BGM과 삽입곡으로 쓰이는 노래다. 사랑하는 연인과 이별을 고하고 나니, 오히려 자유롭고 홀가분한 기분이 든다는 내용이다. 노래는 '억지로 맞추며 사는 삶', '타인의 기대에 부응하려 애쓰는 삶'에서 벗어나 살고 싶다고 말한다. 마치 일요일 아침처럼.
'휴일을 천년만년 유예할 수 없다면.'

어차피, 휴일의 끝은 아쉽다. 그렇다! 우리는 안다. 현실은 결코 녹록하지 않다. 사복경찰 223처럼 휴일을 통조림 속에 꼭꼭 봉인해 놓을 수도, 노래 〈이지 easy〉의 주인공처럼 폼나게 사표를 던지고 자유를 찾을 수도 없는 노릇이다. 어쩌면 이 또한, 취업을 준비하고, 온전한 직장을 다니고 싶은 누군가에겐, 배부른 타령일 수도 있겠다. 나에겐 숨 막혀 벗어나고픈 지금 이 자리가 누군가에게는 간절히 바라는 자리일 테니까. 아! 어쩌면, 고맙게도 주어진 이 짧은 휴식과 휴일만으로도 감지덕지일지 모르겠다. 슬픈데 또 안심이다. 그럼, busy가 easy인 건가???

P.S.
그래도 난 여전히 꿈을 꿉니다. 휴일에 유통기한이 있다면 꼭 만년이고 싶습니다. 어디 옥탑방 하나 얻어, 그곳으로 출근하며 평생 놀고먹으면서 지낼 수 없을까?

매일이 생일처럼 반짝일 수는 없지만,
행복이란 결국, 이렇게 별것 아닌 순간들이
포개지고 포개져 삶을 풍요롭게 만들어주는 것 아닐까.

3막

마흔의 사춘기,
인생의 별책불혹

늙지 않는 법

새벽녘 잠에서 깼다.

"무슨 나쁜 꿈을 꾸었느냐?"
"아뇨! 그냥 오늘 어떻게 신나게 놀까 설레어서요!"

극작가이자 비평가 조지 버나드 쇼 선생께서 그랬다.
우리는 늙어서 노는 것을 멈추는 것이 아니라,
노는 것을 멈추기 때문에 늙는다고.
뽀로로도 그랬다. 노는 게 제일 좋다고.

그래, 어른도 노는 게 제일 좋다.

넌 늙어봤냐? 난 젊어봤다!

 마흔에 대한 책도 이야기도 참 많다. 아프고 흔들리는 게 마흔이란다. 마흔이 대체 뭐길래 그렇게 힘드냐고? 아니! 뭐가 아니길래 그렇게 힘든 거다.

 서른의 마음은 아직도 청춘이다. 이 정도 외모면 아직 클럽과 헌팅포차에서 제법 먹힐 자신이 있다. 꼬박꼬박 월급 나오는 직장도 있다. 조금만 더 달리면 찬란한 미래가 앞에 놓여있을 것만 같다. 집안에서도 30대면 그래! 한 번쯤 실패해도 괜찮아! 기회도 있고 아직 새파랗게 젊은데 뭘! 또 도전하면 되는 거야! 막 이런다. 그런데 갑자기 마흔이란다. 이제 더 이상 에누리가 없다. 마음은 아직 청춘에 머물러 있는데 준비 없이 어른이 되어버린 거다. 갑자기 벌거벗겨져 강남역 한복판에 내던져진 느낌이다. 당황스러운데 숨을 곳도 기댈 곳도 없다. 그러니 흔들릴 수밖에.

 30대는 뭘 안 해도 되는 나이지만, 40대는 뭘 안 했는데 어른이 되어버린 나이다. 주변을 보니 어느덧 성공한 대학 동창은 강남에 아파트 한 채를 갖고 있고, 누구는 잘 나가는 대기업에 부장 진급을 바라본다고 한다. 마흔 정도면 뭔가 이뤄놓았을 것 같았는데 두 손에 쥐어진 거라고는 탈모로 빠져버린 머리카락 한 움큼이 전부다. 아! 나 이제 꺾인 건가? 얼마 전까지만 해도 세상 무서울 게 없었는데, 세상을 가슴에 다 담을 것만 같았는데 내려다보니 그 담을 항아리 밑바닥이 쑥 빠져있는 거다. 내가 가는 곳이 어디고, 난 지금 무엇을 하고 있는 걸까? 여긴 어디? 나는 무엇? 이것이 마흔이 겪게 되는 사춘기다. 탈모 이외에 뭐 하나 해 놓은 게 없는데 어른이 되어버린 나이, 마흔.

그래서 김광석의 노래는 마흔에 불러야 한다. 서른 즈음에 김광석의 노래를 부르면 감흥이 없다. 마흔 즈음 부르는 이 노래는 뱃속 저 아래에서 위장을 지나 식도를 타고 감정을 역류시킨다. 눈물샘이 터지고야 만다. 그렇다! 이 노래는 마흔에 불러야 제맛이다. 〈서른 즈음에〉 제목이 잘못돼도 한참 잘못됐다. 노래방에서 홀로 〈서른 즈음에〉를 불러 본 마흔 즈음에 사람들은 다 압니다. 그렇죠? 뭐 어쨌든.

몇 년 전이다. 이러한 이유로 마흔의 사춘기를 심하게 앓았다. 누구나 한 번쯤 겪는 마흔의 사춘기지만 세상 다 산

사람처럼 우울했다. 불면증에 잠이 오지 않고, 음식도 먹기 힘들었다. 살이 10kg이나 빠졌다. 다이어트 학원이라도 차렸으면 떼돈을 벌었을지 모른다. 아무튼, 내 몸 어딘가 빨대가 꽂아져 영혼이 조금씩 빠져나가는 시절이었다.

오랜만에 업계 선배를 만났다. 상장사 임원이자 자식을 명문대에 입학시키고 태평양처럼 넓고 자애로운 마음씀을 가진 형수까지…. 내게는 남 부러울 것 없이 살아가는 선배다. 소주가 한 잔 두 잔 들어가고 취기가 오르니 눈물이 찔끔 났다.

"형은 이 힘든 마흔을 대체 어떻게 견뎠대?"
"뭐 없어! 더 힘든 쉰 살이 기다리고 있거든."
"……"

이건 뭔가? 흔들리는 마흔을 견디면 젖과 꿀이 흐르는 멋진 삶이 펼쳐지는 것 아녔어? 더 힘들다니… 이 무슨 개풀 뜯는 소리란 말인가? 아! 대체 어쩌라는 거냐? 생각해보면 불혹, 지천명 이런 거는 공자 선생 때다. 그러니까 2천5백 년 전 이야기라는 말씀. 그때 평균 수명이 얼마나 됐을까? 전쟁에 죽고, 질병에 죽고, 배고파 죽고, 억울해 죽고, 이렇게 죽고, 저렇게 죽던 때다. 잘 모르겠지만 아마도 40이면 이제 다 살았네… 50이면 아휴, 그 양반 천수를 누리셨구만 하며 세상에 이런 일이! 라고 말하던 시대가 아녔을까? 그러니 나이 40, 50살은 유혹도, 욕망도 다 버리고 세상을 다 아는 나이가 아녔을까 싶다. 그래서 내 말은 이런 거다. 불혹, 지천명 이거 다 거짓말이라는 거다. 이제는 평균 수명이 길어져서 100세, 120세 시대이니만큼, 90세 정도는 돼야 불혹, 100세 정도 돼야 지천명이 아니겠는가 이 말이다. 아님 또 어떤가? 우리 할아버지 때까지만 해도 평균 수명이 남성은 47-53세, 여성은 53-69세였단다. 그러니 40대 이후는 어쩌면 덤으로 얻는 삶이다. 90세는 돼야 불혹 아닐까? 그 정도는 돼야 흔들리지 않는 편안함이지! 그렇다! 어쩌면 지금부터 내 삶은 '별책 불혹'이다. 보너스라는 거다. 신난다! 흔들리면 흔들리는 대로, 세상을 모르면 모르는 대로 살아보자! 괜찮다. 별책 부록이니까! 덤이니까!

"넌 늙어봤냐? 난 젊어봤다!"

영화 「도그데이즈」에서 배우 윤여정이 시골에서 올라와

하루하루 치열하게 살아가는 20대 청년 탕준상에게 하는 말이다. 철부지 같으면서도 어른스러운 이 말이 나는 참 좋다. 흔들리지 않는 마흔이 없고, 세상을 깨달은 쉰 살이 없다.

낭만이란 배를 타고
무인도에 가져갈 나만의 것들

 얼마 전 무크지를 보다가 무인도에 가져갈 음반에 대한 어느 작곡가의 인터뷰를 읽었다. '무인도에 꼭 가져가고 싶은 LP 음반이 있다면 뭐죠?' '글쎄, 무인도에 가게 된다면.' 좀 더 아이템을 늘려 낭만이라는 배를 타고 무인도로 가져갈 나만의 것들에 대해 생각해 본다. '거참, 한가하고 쓸데없는 생각이네' 하겠지만, 어른이란 가끔은 하등 쓸데없는 생각을 해도 되는 나이다. 사람 일을 또 어찌 알겠는가?

 옥탑방 마당에 몽상가처럼 자리를 깔고 누워 머리를 이리 뒹굴 저리 뒹굴며 혼자서 어떻게 생존하고 무엇을 하고, 무엇을 먹고살지, 무엇을 들고 갈지 고민한다. 속옷, 칫솔, 치약, 옷가지, 스마트폰, 여권, 선글라스…. 여행에 가지고 갈 리스트를 정리하듯, 설레는 마음으로 무인도로 떠날 가방을 챙긴다.

 우선! 책 한 권을 가져가야겠다. 비록, 무인도지만 휴양

지처럼 며칠 충전하는 기분을 맛볼 수도 있을 테니까. 두툼한 책이라면 제법 폼도 나겠다. 게다가 가벼운 난독증이 있으니 시간 가는 줄 모르고 아주 천천히 오랫동안 몇 번을 읽을 수도 있을 것이다. 아직 배가 덜 고파서 하는 책 타령일 수도 있지만, 낭만이란 배를 타고 떠났으니, 문제가 되진 않는다. 어떤 책을 챙겨갈까? 지루하지 않고, 오랜 시간 읽고 또 읽으려면 아무래도 빅토르 위고의 『레미제라블』 정도는 돼야 하지 않을까? 아니다. 『카라마조프가의 형제들』, 『안나 카레니나』 같은 러시아 소설이면 좋겠다. 이름만 외워도 몇 날 며칠은 보낼 수 있을 테니까. 아! 생각해 보니 너무 두껍다. 아쉽지만 다음번 무인도 갈 때나 가져가자. 그래, 단 한 권만 가져가야 한다면 나는 니코스 카잔차키스의 『그리스인 조르바』를 챙길 것이다. 개인적 취향이지만, 어차피 무인도에서는 타인의 취향 따윈 신경 쓰지 않아도 되니까. 내일 죽을 것처럼 오늘만 살라는 이야기니, 무인도에 아주 제격이다. 빠져나가지 못하면 또 어떤가. 조르바처럼 신명나게 춤 한번 추면 그만이다.

그리고 두 번째, 역시 음악이 빠질 수 없다. 어떤 사람은 베토벤, 라흐마니노프, 모리스 라벨, 드뷔시, 차이코프스키 같은 클래식 작곡가의 음악이 질리지 않는다 한다. 모차르트의 레퀴엠은 어떨까? 아, 이건 너무 절망적이다. 클래식은 내가 몰라도 너무 모른다. 그럼, 오랫동안 들을 수 있는 재즈는? 무인도에 카페라도 있다면 오션뷰 갯바위에 앉아 모닝커피 한잔을 홀짝거리며 들으면 좋겠지만, 카페가 문을 열지 않을 테니 하는 수 없이 스킵이다. 그렇다면 역시 팝 음악과 록 음악 사이에서 결정해야겠다. 쌓여있는 LP 중에서 그룹 퀸의 베스트 음반을 골랐다. 〈보헤미안 랩소디〉도 좋고 〈위 아 더 챔피언〉도 좋다. 그 청량감이라면 무인도에서 느끼는 갈증도 다 해결할 수 있을 것만 같다. 청량감! 직업병이지만, 꼭 무인도가 아니더라도 광고 음악으로 언제나 퀸의 노래가 1순위로 선택되는 이유라면 이유랄까. 팝이라면, 브루노 마스도 나름 좋은 선택이지 싶다. 질리지 않고 오랜 시간 무인도에서 즐길 수 있을 테니까. 다만 힙합이나 래퍼의 옹알이는 사양입니다. 다시 말하지만, 이건 순전히 취향의 문제다.

마지막으로 영화 한 편을 무인도 가방에 챙긴다. 이건 좀 더 어렵다. 「캐스트 어웨이」나 「김씨 표류기」 같은 무인도 영화는 어떨까? 동병상련의 위로가 되고 살아가는 방법도 터득할 순 있겠지만 좀 우울해 보인다. 아무래도 시리즈 영화가 지루하지 않고 재미있을 듯해서 「해리포터」나 「인디아나 존스」를, 애틋한 감정을 유지하고 싶다면 「라라랜드」를 고민한다. 아니다. 몇십 년간 갇혀있을 수도 있으니 최대한 외국어나 외계어가 많이 나오면 더할 나위 없겠다. 그렇다. 역시나 무인도에서는 휘몰아치는 바닷바람과 추위, 배고픔을 잠시 잊을 수 있는 판타지가 제격이다. 수많은 밤, 하늘을 수놓은 무한의 별들을 보며, 우주 저편의 이야기를 들려주는 「스타워즈」 시리즈를 무인도 가방에 넣는다.

이제 든든하다. 세 가지 아이템이라면 남태평양의 외딴섬이라도 나 혼자 잘 견딜 것이다. 아니, 혼자라서 행복할 것이다. 아차차! 한 가지를 빼먹었다. 하나 더 가져갈 수만 있다면 주사위 두 개는 꼭 챙겨가자. 주사위 두 개를 던져 같은 숫자가 나오면 탈출하는 보드게임 '부루마블'의 무인도 초간단 탈출법! 음, 이건 너무 낭만 없이 현실적일까요? 그래도 최고의 탈출 아이템일 테니, 생존 가방에 슬쩍 집어넣어 본다.

사람들 사이에 섬이 있다.
그 섬에 가고 싶다.

- 정현종 詩「섬」

 에이 설마 내가 무인도에 갈 일이 있겠어? 그렇지만 어느 인터뷰에서 무인도에 가면 어떨지, 무엇을 가져가야 할지 상상하고, 수많은 무인도 영화가 나오는 것을 보면 분명 사람들 사이에 섬이 있기 때문이다. 그 섬에 가고 싶기 때문이다. 틀림없다. 그래서 오늘도 낭만이란 배를 타고 무인도로 떠날 물건들을 마음속 생존 가방에 챙겨놓는다. 아! 뭐 꼭 무인도가 아니더라도 좀비가 나타날 수도, 외계인이 침공해 올 수도 있으니 말이죠!! 여러분도 한번 상상해 보세요. 지루할 틈 없이 하루가 휙~ 지나가요!

놀다보니 지루할 틈이없네
오늘도 하루가 휙- 지나갔어

무인도에 가게되면…

산타에게도 번아웃이 찾아온다

"요즘은 크리스마스 같지 않아!"

한 번쯤 들어봤을 말이다. 이제는 크리스마스가 백화점으로 자리를 옮겼다. 대형 백화점 앞에는 눈 덮인 통나무집과 크리스마스트리, 알록달록 장식이 반짝거린다. 수많은 연인, 엄마 아빠의 손을 잡고 온 아이들, 가방을 둘러맨 학생들, 나이 지긋한 중년에 이르기까지 모두가 사진을 찍고 찍히며 서로 이야기하고 웃으며 행복한 북새통을 이룬다. 비탈진 어느 동네의 골목길 어귀, 인적 드문 조그마한 산골 분교, 홀로 외로이 서 있는 시골의 어느 집까지 산타클로스가 찾아가기엔 크리스마스는 그리 한가하지 않은 모양이다. 그래서인지 이제 산타클로스는 백화점으로 출근한다.

사실 산타클로스가 편하고 따스한 백화점으로 출근하는 이유는 따로 있다. 그동안 뼈 빠지게 일만 하지 않았던가? 그렇다. 번아웃이 온 것이다. 이제는 좀 등 따습고 배부른 곳에서 일하고 싶은 거다. 그 마음 다 이해가 간다. 산타도 스트레스다. 1년에 딱 하루만 일하고 편하게 놀고먹는 줄 알겠지만, 실상은 단 하루 만에 전 세계를 나노 단위로 돌아다녀야 하니 여간 중노동이 아니다. '아, 내가 이러려고 산타가 된 건가?' 후회막심이다. 그렇다. 극한 직업이다. 노동 총량 법칙이 있다면, 그는 단 하루 만에 1년 치 노동량을 채워야 할 팔자다. 죽을 맛인 거다. '아! 벌써 12월 24일이라고? 또야?' 루돌프 코가 그렇게 빨간 것도 산타의 신세 한탄을 300년쯤 듣다가 생긴 과민성 스트레스 증상이 틀림없다. 그러니 백화점으로 출근할 수밖에.

언젠가, 십자가를 내려놓고 담배를 피우던 예수를 만난 적이 있었다. 스페인 여행 중 세비야의 대성당 앞, 인적이 한산해진 광장을 지날 때였다. 예수로 분장한 거리 예술가는 지나가는 사람들이 뜸해지자, 거리공연 도중 잠시 휴식을 취했다. 눈이 마주치자 긴 머리의 예수가 내게 윙크와 함께 쿨~하게 미소를 지었다. 살짝 당황했지만, 나 역시 배시시 웃으며 엄지척을 했다. 그렇다. 나는 무려 예수에게 윙크를 받아본 사람이다. 담배를 입에 문 예수를 본 한 외국 꼬마는 엄마에게 달려가 예수의 일탈을 일러바친다. 역할일 뿐인 예수는 그간 나와 외국 꼬마 같은 사람을 많이 본 탓인지, 오히려 '당황할 거 없어. 세상이 다 그런 거 아니겠어?'라는 표정으로 짝다리를 짚고 담배 연기를 연신 허공에 내뿜을 뿐이다.

 나와 꼬맹이는 왜 그토록 당황했던 걸까? 이게 다 '역할' 때문이다. 우리가 그 역할에 너무 많은 기대와 짐을 덧씌운 탓이다. 인생을 살면서 우린 누군가에게 지나치게 많은 의무와 역할을 바라는 건 아닐까.

 어릴 땐 산타클로스를 보면 모두가 행복한 줄 알았다. 산타클로스가 속상하거나 지칠 거란 생각은 단 한 번도 하지 않았다. 어쩌면 그도 그냥 좀 놀고 싶고, 때론 쉬고 싶은 보통의 어른일 뿐인데 말이다. 마찬가지다. 어른이 되면 다들 어른다워야 하는 줄 알았다. 어른은 다들 단단한 줄 알았다. 누군가의 엄마, 아빠로, 팀장으로, 부장으로, 선생으로. 그런 이름표를 달고 있으면 슬퍼도 행복해야 하고, 무너져도 책임져야 하고 지쳐도 누군가를 돌봐야 하는 줄만 알았다. 그저 마음씨 좋고, 낯빛 좋고, 볼 발그레한, 빨간 옷이나 좋아하고 웃음이나 허허거리는 체구 좋은 산타클로스가 되는 줄만 알았다. 그게 어른의 전부인 줄 알았다. 원래 어른은 행복해야 하는 거 아닌가? 그렇지 않을 거라면 왜 어른이 된 건가? 과연 그럴까? 천만의 말씀이다. 역할은 역할일 뿐이다. 거리의 예수도 산타클로스도 가끔은 숨고 싶고, 놀고 싶고, 쉬고 싶다. 그렇다. 거리의 예수에게 담배가, 산타클로스에게 백화점이 필요하듯, 어른에게도 아무도 묻지 않는 자신만의 작고 조용한 피난처가 필요하다. 우리는 지금까지 책임을 지느라, 기대에 맞추느라, 웃는 얼굴로 버티느라… 언제나 괜찮은 척, 행복한 척 살아오지 않았던가. 그러니까, 가끔은 역할을 벗고 조용히 숨을 수 있는 곳 하나쯤 있었으면 한다.

먹고살기도 벅찬데, 이 무슨 배부른 소리냐고? 그렇지 않다. 그런 장소는 돈으로 살 수 있는 공간이 아니다. 내 집 화장실이면 어떻고, 집 앞 놀이터면 어떤가? 잠시 어른의 역할을 내려놓고, 음악 하나, 책의 문장 한 줄 읽을 수 있는 시간의 장소면 그만이다. 그런 피난처 하나쯤 있다고, 세상에 큰일이 생기는 것도 아니다. 어른이 된다는 건, 그럴 수 있는 용기를 조금씩 배우는 일 아닐까. 뭐 어쨌든, 어른이 된다는 건 여러모로 피곤한 일이다. 아! 어째 좀 슬픈데.

P.S.
원래 산타클로스는 수북한 가슴털, 떡 벌어진 어깨와 식스팩, 록스타 같은 긴 곱슬머리와 초록색 옷을 입은 9척 거구였다. 그런 산타가 1930년대 코카콜라가 광고를 하며 지금의 산타할아버지가 됐다. 몸짱 산타가 지금의 과체중 노인 역할을 하고 있자니 얼마나 힘들까. 그래 어른은 모두가 힘들다. 힘내라! 어른아!

누구나 부모는 처음이라

 딩크족이라고나 할까? 짝꿍과 나는 아이를 가질 생각이 전혀 없었다. 우리만 잘 먹고 잘살면 그만이라 생각했다. 더욱이 짝꿍과 나는 소년, 소녀 가장이다. 서로가 집안을 부양해야 할 판이니, 결혼을 결심했을 때조차 수만 번 고민을 해야만 했다. 아! 그래 그때 더 고민을 했어야만 했어! 왜 그때 아무도 이야기해 주지 않았던 걸까? 뭐 어쨌든. 부모님께 손 벌려 결혼 자금을 내놓으시오! 할 형편도 못되니 모든 것을 스스로 해결했다. 분당에 있는 한 오피스텔에 월세 집을 마련하고 신혼생활을 시작했다. 나름 빌트인이라 혼수도 적당히 절약할 수 있어 좋았다. 그렇지만 아이는 몇만 번 다시 환생한다 한들 우리 사주에 없었다! 짝꿍과 나는 둘이서 검은 머리 파뿌리가 될 때까지 평생 행복하게 잘 살았다…면 얼마나 좋았을까?

"어쩌지?"
 그래서 임신 테스트에 젓가락처럼 두 줄이 나왔을 때 얼굴을 보며 서로 던진 첫마디다. 임신이란 무언가 기쁨과 환희의 감정이라 생각했는데…. 천만에! 당황이 먼저다. '그래, 이제 어쩌지?'

환희의 감정? 뭐 그런 거? 천.만.에! 당황이 먼저다!

달이 차오르자, 짝꿍의 뱃속에서 괴생명체가 똬리를 틀었다. 배에 주먹질과 발길질을 해대기 시작한다. 신기한 감정 반, 살짝 무서운 감정 반이라고나 할까? '여보쇼? 거기 누구요?' 이건 분명 어느 SF영화에서 한 번쯤 보았을 법한 장면이다. 갑자기 배에서 튀쳐나와 나와 짝꿍을 잡아먹을 것만 같은…. 게다가 이 괴생명체와 짝꿍의 호르몬에 이상 반응을 보인 탓인지, 지금껏 경험해 보지 못한 어메이징 이벤트가 기다리고 있었다. 입덧이다.

"입덧, 거 기분이 어때?"

그녀에게 물어보니 소주 10병을 마시고 태평양 앞바다에서 10m 풍랑 속에 아침마다 숙취에 깨어나는 기분? 뭐 이런 비슷한 느낌이라는데… 이게 다음날 해장이 되는 것이 아니라… 10개월간 계속 숙취 상태란다. 그래서 임신 내내 짝꿍이 나를 쳐다보던 눈빛 속에 도끼가 열 자루씩 들어있었구나!

"자! 나 이제 나간다!"

이런 신호를 정확하게 주는 게 인간의 도리고 올바른 예의 아닌가? 그런데 이 괴생명체는 예의가 없다. 배가 아파 오는데 언제 나올지 지 맘대로다. 산통의 주기가 짧아져 병원에 응급으로 가도 "거… 아직 멀었어요… 나중에 오슈" 이러는 거다. 그래, 너 언제 나올 건데? 누구나 부모는 처음이다.

그래! 누구나 부모는 처음이다.

'쭈그렁텅이, 누구냐 너?'

아! 무언가 감동적인 만남을, 감동적인 조우를, 눈물 가득한 감정을, 가슴이 쿵쾅거리는 만남을 기대했는데… 의외다. 내 손 안에는 쭈그렁텅이 털북숭이 작은 생명체가 가쁜 숨을 몰아쉬고 있을 뿐이다. 어찌나 울음소리를 질러대는지… 우주에서 온 외계인이 있다면 이럴까? 처음 태어난 아이는 이렇구나! 광고 일을 하면서 늘 TV에서 보던 아이는 뽀송한 우유빛깔의 천사가 아니었던가? 원래 이런 건가? 처음 깨닫게 된다. 세상에 처음 나온 아이의 탯줄을 자를 때 감동보다는 곱창집에서 익지 않은 생곱창을 자르는 느낌이 먼저 떠올랐다. 그렇게 모든 첫 경험은 지나간다.

아이는 스스로 크고 자라는 줄 알았다.

친구의, 지인의, 친척의, 회사 동료의 아이는, 남의 아이는 참 잘도 자란다. '벌써 이렇게 컸어?' 한여름 소나기에 마른풀이 자라듯 그냥 쑥 자라는 게 아이인 줄 알았다.

'한 아이를 키우려면 온 마을이 필요하다'라는 아프리카 속담이 있다. 부모가 되기 전엔 이 뜻을 알지 못한다. 그만큼 아이가 어른이 되기까지 수많은 돌봄과 보살핌이 필요한 거다. 그렇게 17년이 지났다. 아이는 고등학생이 되고 외계인에서 사람이 되었다. 언제부터 우리 안에 부성과 모성이 생겼는지 모르겠다. 자동차 속도계나 스마트폰 알람처럼 내게 알려주지 않는다. 그냥 선물처럼 생긴 걸까? 모를 일이다. 나의 부모도 그랬을까? 이제 말귀를 알아먹는 지구인이 되었지만, 사춘기 딸은 지구인과 여전히 전쟁 중이다. 엄마 아빠와 말 폭탄과 랩 배틀을 주고받으며 서로가 서로를 디스한다. 그래, 너도 아이는 처음이고 나도 부모는 처음이다.

애비로드! 아직도 갈 길이 참 멀다.

나 혼자 살았으면 어땠을까? 좋았을까? 행복했을까? 이런저런 생각에 독신의 남녀가 나 혼자도 잘 산다는 TV 예능 프로그램을 보고 있자니 뒷맛이 참 씁쓸하다. 오늘을 살아가는 평범한 사람들은 그들의 이야기를 얼마나 공감할 수 있을까? 하루하루 전쟁같이 살아가면서 느끼는 좌절감이 TV에는 없다. 어쩌면 평생 영화 속에서나 볼 한강 뷰 아파트와 백설공주 성 같은 저택에서 아침을 맞이하고 일상을 살아가는 연예인을 보고 있으면 자존감은 더 바닥을 찍는다.

에잇! 이도 저도 아니라면 인생은 대체 뭐란 말인가? 어른이 되면 느낌표가 많아진다는데 왜 아직도 나에겐 물음표만 가득한 걸까? 언제쯤이면 흔들리지 않고 세상의 뜻을 깨우치는 어른이 될까?

이름을 잃어버린 그대에게

"엄마, 파란불이야."
"파란불이지만 함부로 막 뛰면 안 돼! 이렇게 손을 들고 오른쪽 왼쪽을 잘 살핀 다음 건너는 거야! 알았지?"

옥탑방 출근길, 건널목에서 신호를 기다리던 아이와 엄마가 나누는 이야기다. 뭐 특별할 것 하나 없는 대화였다.

"참 그런데 엄마, 왜 신호등은 초록색인데 파란불이라고 불러요?"
"……."

함께 건너던 그 꼬맹이가 뒤통수를 탁! 하니 쳤다. 엄마도 말이 없고, 아무런 유전자가 섞이지 않은 나는 더 할 말이 없다. '그러게…'
왜 초록 신호등은 파란 신호등이 되었을까? 왜 나는 초록을 파랑이라 여기며 아무런 의심도 없이 당연히 받아

들였던 걸까? 이름을 잃어버린 초록 신호등은 또 얼마나 서글프고 억울할까? 중2병도 아닌데 생각이 꼬리를 이어 간다.

내 외할머니의 이름은 금순이였다. 굳세어라 금순이! 그런데 내 엄마의 이름도 금순이다. 다시 말해 엄마와 딸의 이름이 같은 거다. 금순이! 이유는 이렇다. 1945년 해방되던 해에 태어난 엄마는 명이 짧다는 동네 어느 돌팔이 점쟁이의 말에 따라 자신의 엄마, 즉 나의 외할머니의 이름을 써야만 했다. 그래야 아무 탈 없이 살 수 있다나 뭐라나…. 아무튼 그래서 본인의 이름 대신 할머니의 이름을 호적에 올리고 평생을 그 촌스러운 이름 금순이로 살았다. 다행히 집안에서는 원래 엄마의 본명 희영이로 불렸는데, 밖에 나가면 언제나 다시 금순이로 불렸다고 한다.

그래서 나는 외할머니와 엄마의 이름이 같은 아주 희한한 집안의 손주이자 아들이 됐다. 즉 금순이의 손자이자 아들이라는 초현실적이고 그리스 신화적인 그런 운명이랄까. 엄마는 그 촌스러운 이름 금순이를 정말 싫어했다. 그래서 늘 내게 "엄마 이름은 원래 희영이라니까…. 희영이" 이랬다. 학교에서 부모님의 이름을 써넣을 때도 금순이가 아닌 희영이로 써야 했는데, 항상 새 학기가 시작되면 교무실에 불려가 선생님께 사정을 이야기해야만 했다. "선생님, 그러니까 말이죠. 제 엄마께서 1945년 해방되던 해에⋯."

 다른 사람의 이름으로 사는 삶이 얼마나 싫었을까. 그래서 도끼 같은 엄마의 눈빛을 피해 아버지는 엄마를 평생 '지행이 엄마', '어이', '이봐', '야'로 단 한 번도 부르지 않으셨다. 언제나 "희영아"로 또박또박 부르셨는데, 지금 보니 꽤 낭만적이기도 하네. 결국 몇 년 전 개명 신청을 통해 잃어버린 이름을 찾았다. 엄마가 이름을 잃어버린 지 75년 만의 일이다. 사실 생일도 되찾았다. 할머니의 7월 29일 대신 엄마의 진짜 생일 11월 5일을 찾은 거다. 아무튼. 금순아~ 이젠 안녕!

 내 엄마뿐이 아니다. 여성은 결혼을 하고 아이가 생기면 자신의 이름을 잃어버린다. 의도한 게 결코 아닌데 이름이 막 분실된다. 시어머니는 '어멈아', 남편은 '** 엄마', 아이의 학교에서는 '** 어머님'으로 불린다. 남자도 뭐 별반 다르지 않지만, 내 소중한 이름이 사라지니 기분이 썩 좋을 리 없다. 자신의 이름으로 평생을 살고, 자신의 선택으로 결혼을 하고 아이를 낳았는데, 졸지에 자신이 지워지는 기분이다. 내 정체성이 남의 머릿속 지우개로 박박 지워져 사라져 가는데 또 세상은 별일 없이 멀쩡히 돌아간다. 아무 생각 없이 잠들어 있는 남편이 이유 없이 밉고, 사춘기 딸도 짜증이 난다. 내가 이러려고 어른이 됐나? 어른이 되면, 내 이름 석 자 정도는 어디서나 당당히 이야기할 줄 알았다. 에잇! 그게 다 거짓말이란 말인가?

어쨌든 나는 내 특별한 출생의 비밀 탓에 가능하면 짝꿍의 이름을 불러주려 노력한다. 때론 딸아이의 친구 부모를 만나도 이름을 묻고 "** 아버님 반갑습니다" 대신 "**씨, 반갑습니다" 한다. 초면이라면 대체 이 사람 뭐지? 좀 별종이네 그럴 수도 있겠다. 그간 당황했다면 미안합니다만.

그래, 이름만 불러줘도 인생이 즐겁다. 남는 장사다. 시인 김춘수가 그랬다.

내가 그의 이름을 불러주었을 때
그는 나에게로 와서
꽃이 되었다.

그렇다. 우리가 누군가의 이름을 불러줄 때 우리는 꽃이 된다. 너는 나에게, 나는 너에게 의미가 된다. 꽃다발을 안긴다. 꽃에게 침을 뱉는 사람을 나는 한 번도 본 적이 없다. 누군가의 이름을 불러주고, 누군가 나의 이름을 불러주는 것은 서로 침을 뱉지 않겠다는 무언의 배려다. 생각해 보면 아주 남는 장사다. 이름을 불러주는 것만으로도 꽃이 되니 양재동 꽃시장이 비할 바 아니다. '어이', '이봐', '야'가 아닌 이름을 부르자. 꽃밭이 된다. 가끔은 누군가의 엄마, 아빠. 누군가의 아들, 딸. 대리, 과장, 부장이 아닌 온전한 자신의 이름으로 불리면 좋겠다 싶다. 이름을 잃어버린 누군가에게 꽃이 될 테니 말이다.

이혼을 축하해!

'이혼 도장 찍고 왔다! 제2 인생 시작 :)'

 카톡이 왔다. 친구들 중 제일 먼저 결혼한 녀석이다. 일찍 결혼한 친구의 아이들은 이제 모두 성인이 됐다. 저간의 사정이야 어떻든, 아이들이 고등학교를 졸업할 때까지 부부가 묵묵히 기다린 모양이다.

 서울로 올라와 직장을 다니고 결혼을 하고 아이를 낳고 키웠다. 두 명의 아이를 중학교부터 고등학교까지 비싼 대안학교에 보내느라 다니던 무역회사를 정리하고, 지옥 같은 자영업 카페 사장으로 꼬박 10년을 일했다. 사람 좋아하고 친구들 좋아해 1년에도 수십 번씩 만나던 녀석은 카페를 시작하고부터 얼굴 보기가 힘들어졌다. 그래도 친구들이 그리웠던지, 늦은 밤이나 이른 새벽 물색없이 카톡으로 안부를 묻곤 했다. 고향에서의 명절, 친구들이 다 같이 만나는 날에도 허겁지겁 술을 마시고 다음 날 새벽이면 어김없이 서울로 올라와 카페 문을 열었다. 지구가 망해도 카페 문은 열릴 것만 같았다. 전격 오픈! 지구 종말 30초 전, 짜릿하고 위장이 녹아내리는 에스프레소 절찬 판매!

그런 친구가 이혼을 결심하고 홀로 대전으로 다시 내려갔다. 월세로 원룸을 구하고 트럭을 샀다. 배달을 시작한다고 했다. 얼마 전 만난 친구의 얼굴이 밝았다.

"한 달에 한 번씩 매달 내게 선물을 주기로 했어."

샤오미 패드를 샀다고 이가 스물두 개나 드러나게 자랑질이다.

한 달은 홀로 야구 경기장에 가고, 한 달은 홀로 캠핑카를 몰아 강원도로 갈 거라고, 한 달은 오랫동안 신고 싶었던 나이키 운동화를 살 계획이라 했다. 그런 친구가 오늘 이혼 도장을 찍었다고 한다. 친구들이 모두 응원해 준다.

'누군가의 아버지
누군가의 남편이 아닌
오직 자신만을 위해 살아라! 이혼 축하해!'

친구의 카톡이 다시 울린다.

'고맙다. 친구들. 쓸데없이 재밌게 살아볼게~'

생각해 보니 참 좋은 말이다. 아! 직업병이 도졌다. 눈치 없이 친구 녀석에게 카톡을 날린다. '쓸데없이 재미있게 살아볼게~' 광고 카피로 좀 괜찮네. 나 써먹어도 될까?

요즘 이 녀석, 여자친구를 찾고 있다고 한다. 갇히면 자유롭고 싶고, 자유로우면 또 구속되고 싶은 게 인간인가 보다. 친구야, 거 다 좋은데 말이야. 환승 이혼만은 사양이다.

이윽고, 짜장면

 짜장면이 싫어지면 철이 들었다는 증거고, 신 것이 싫어지면 나이가 먹었다는 증거다. 다시 말해, 짜장면과 신 게 싫어지면 이제 성인식을 마치고 어른이 되어간다는 의미다. 그렇다. 짜장면 좋아하세요? 언제부턴가 이 쉬운 질문에 대답이 한참 걸린다면 당신은 분명 어른이 되었다는 뜻이다.

 혹시 어른들이 그토록 인상을 쓰고 다니는 이유를 아시는지? 양미간을 잔뜩 찌푸리고, 입꼬리를 아래로 내리깔며 근엄한 척 시큼 떨떠름한 표정으로 세상을 바라보는 이유는, 바로 신 것이 이제는 신물 나게 싫어졌기 때문이다. 입안에 들어온 인생의 신맛에 찡그린 세월이 쌓이고 쌓여, 그만, 얼굴에 포스팅되어 버린 탓이다. 그래 다 이해가 간다.

 그렇지만 짜장면이라니! 달고, 짜고, 달랑 단무지 하나만으로도 미슐랭 쓰리스타의 기분을 만들어 주는 이 지구상 최고의 음식과 멀어진다는 것은 좀처럼 상상하기 힘들다.

물론 가끔은 짜장면에 선뜻 손이 가지 않을 때도 있다. 이건 분명 칼로리에 대한 그릇된 마녀사냥 때문이다. 햄버거와 라면의 두 배나 높은 칼로리요, 삼계탕을 뛰어넘는 열량이라니, 어쩌면 한여름 보양식으로 제격일 이 짜장면을 나이 먹을수록 점점 홀대하게 한다. 맞다. 이게 다 철이 든다는 핑계 때문이다. 게다가 뭐 대단한 식단 관리도 아니면서, 남들 다 한다는 바디 프로필 한번 찍어보려, 거울 속 내면의 자아와 마주하고, 처진 뱃살과 마주할 때, 그리고 피트니스 클럽에서 땀 흘린 수많은 무게들의 본전 생각을 하는 탓에, 짜장면은 그만 지옥에나 떨어져야 할 아주 못된 음식이 되고 만다.

그럼에도, 나의 친애하는 평등한 짜장면.

'아니 애도 아니고 무슨 짜장면?'이라는 핀잔에도, 여전히 짜장면을 좋아하는 이유를 말하자면 짜장은 모두에게 고루 평등하기 때문이다. 입에 묻은 짜장은 이쁘고 잘생긴 연예인도, 돈 많은 부자도 가리지 않는다. 한 그릇의 짜장은 누가 먹던 한 그릇의 짜장이다. 제아무리 고급 식당에서 먹더라도 짜장은 그저 한 그릇 짜장이다. 그렇다. 짜장은 평등하다.

두 번째 이유는 어쩌면, 마라탕에 밀리고, 탕후루에 밀

려 버린 철 지난 연극 배우 같은 음식이 될까 봐 소금빵과 베이글, 로제 파스타에 밀린, 늙다리 탑골 가수가 될까 봐 안타깝고 안쓰러운 마음에! 그리고 아직도 철들기 싫어하는 어른으로 남고 싶은 마음이 나의 친애하는 짜장면에 닿아 있기 때문이다. 짜장면은 자장면이 아니라 짜장면이어야 제맛이다. 근엄한 척 자장면이라 말한다면 분명 어른이 아닌 꼰대임에 틀림없다. 짜장면은 짜장면이라고 부르며 보고 먹을 때만이 제맛을 느끼게 해준다. 게다가 그 시큰 달달한 단무지 페어링이라니! 어른이 되어간다는 게 나쁜 것은 결코 아니다. 다만 짜장면이 싫어지는 어른이 되고 싶지 않을 뿐이다. 짜장면도 싫고 철도 없는 어른도 분명 있을 테니 말이다.

영화 「데드 맨 워킹」에서는 사형수가 사형 집행 전 마지막으로 자신이 원하는 음식을 먹게 해준다. 비록 사형수지만, 죽음을 앞둔 인간에게 최소한의 존엄과 자유가 허락되는 거다. 그렇다면 나는 두말없이 짜장면이다. '그래서, 짜장면 좋아하세요? 물론이죠! 곱빼기로 주세요!' 그런 이유로 나는 짜장면을 여전히 사랑한다. 고백하자면, 내가 옥탑방으로 출근하는 이유는 세상에서 가장 맛있는 짜장면을 먹기 위해서다. 옥탑 마당에 자리를 깔고 앉아, 빌딩 사이로 보이는 하늘을 바라보며, 기름기 머금은 짜장면을 한 젓가락 입에 문다. 열린 창문 너머 옥탑방 안에서는 니나 시몬의 〈필링 굿〉이 흘러나온다. 이럴 땐, 시원한 소주 한잔의 페어링이면 그만이다. 세상 부럽지 않다. 단무지도 한입 베어 문다. 짜장면을 먹는 동안은 근심이 사라진다. 모아 왔던 돈이 떨어져가도 걱정되지 않는다. 지금 이 순간이 행복하면 그만이다. 내일 걱정은 내일모레 하자. 내일은 뭐하고 놀까?

'그래, 이것이 어른의 맛이지.'

P.S

광고회사를 하는 동안, 나는 면접 온 지원자들에게 최종 질문으로 언제나 이 말을 던졌다.

'짜장면 좋아하세요? 짬뽕 좋아하세요?'

'짬뽕 좋아합니다!'

음… 다음에 봅시다! 진짜냐고요? 네, 진짜입니다. 난 철들려면 아직도 먼 광고회사 사장입니다.

온전히 나를 지키는 중

 남부순환로 예술의 전당 앞에서다. 차창 너머로 고래고래 아주 시원한 욕들이 날아들어 왔다. 신호대기 중인 앞차 운전자와 옆 차선 운전자 사이에 실랑이가 붙은 거다. 운전자끼리 차창을 열고, 서로 욕지거리 무한 욕배틀이다. 쇼미더머닌가?
"야~ 정신 나간 놈아."
"뭐야…이 새끼! 이 미친놈이… 너 내려, 임마!"
 도로에서 벌어지는, 으레 있는 실랑이겠거니 싶었는데…. 옆 차선 운전자가 먼저 행동 개시다. 갑자기 운전석에서 내려, 앞차로 다가선다. 또 뭐라 뭐라 삿대질과 욕지거리를 토해낸다. 으르렁, 그르렁, 씨를 발라먹고, 짚으로 새끼를 꼬는 말폭탄들이 날아다닌다. 아! 짧은 시간 도로는 아프리카 세렝게티의 야생이 됐다. 틀림없이 사파리 구경이 이런 재미겠지?!
 댓글 싸움에서 마지막에 채팅창을 나가버린 사람이 승자이듯, 앞차 운전자가 조수석 유리창을 올려버리자, 옆 차선 운전자의 얼굴이 울그락 불그락이다. 패배한 건가?
 신호등이 바뀐다. 그렇다고, 여기서 물러날 표정이 아니다. 분이 풀리지 않는지 단전 깊숙이 무언가를 끌어올려…
 "…퉷!…"
 앞차 유리창에 침을 뱉어 버렸다. 어, 정말 성질 있으시군요!
 이젠 앞차 운전자가 열받을 차례다. 차 문을 열고 나와 옆 차 운전자에게 다가가 힘껏 멱살을 잡는다. 그렇게 또 한참을 실랑이를 벌이다가, 최후의 일격을 날렸다.
 "…퉷!퉷!…"
 얼굴에 침을 뱉는 거다. 이제는 이판사판. 서로 부둥켜 안고, 니킥, 암바, 하이킥, 길론틴 초크, 50대 중년의 배 나온 아저씨들의 대거리다. 남부순환로 한복판에서 벌어진 한낮의 격투가들의 싸움이었다. 음… 그래 이것은 아마도 어른들만의 세계겠지! 입을 다물지 못하고 옆자리에 앉아 있던 짝꿍이 묻는다.

"어머, 앞차 아저씨 성질 대단하네."
"자기 차에 침 뱉었으니까."
"그렇다고 사람 얼굴에 침을 뱉어? 오빠는 이해돼?"

"음… 뭐 이해되는 부분도 있어. 어떤 남자들은 차가 자기 인격이라 느끼거든. 차에 침 뱉은 건 자기 얼굴에 침 뱉은 거나 마찬가지로 생각하는 거야."
"아… 남자들이란….

 흥미로운 볼거리, 꿀잼각이다. 마냥 즐길 수만 없어 아쉽게도 핸들을 돌려 그들을 지나쳐 간다. 아! 이 격투가들은 어떻게 됐을까? 싸움의 결말이 궁금하다.
 온전한 나란 대체 뭘까? 짝꿍에게 이해한다고는 말했지만, 뒷맛이 씁쓸했다. 50이면 지천명 아닌가? 세상의 뜻을

깨달았다는 나이인데…. 이게 또 맘 같지 않은 모양이다.

왜일까? 그 침뱉를의 승자인 아저씨, 차가 곧 자신의 인격이 되어버려 상대방의 얼굴에 침을 뱉어 버린, 그 아저씨가 자꾸만 생각났다. 한편으로 자신을 드러내고, 자신을 인정받을 수 있는 유일한 수단이 자동차였나 싶어 기분이 개운치 않았다. 어쩌면 자신의 존재를 잃어버려 집에서도 회사에서도 좀처럼 인정받지 못하는 슬픈 어른일지도 모른다. 어째 좀 짠하다.

뭐야, 온전히 나를 나타내는 것이 겨우 명함이고 자동차고 아파트 따위란 말인가?

어쩌면 나 역시 나다움을 드러내고 싶어, 옥탑방으로 출근하는 것일지 모른다. 누군가를 내 안에 초대할 때 흔들림 없는 사람이 되고 싶어, 짝꿍과 옥탑방으로 출근하기 시작한 거니까. 나를 나타내고 누군가를 내 안으로, 나에게로 초대하고 싶어 시작한 미친 짓이다. 물론 좋은 차도, 좋은 집도 내 인격이 안되길 희망한다. 그런데 아직 모르겠다. 명함도, 자동차도, 아파트도 없다면 온전한 나 자신을 다른 사람에게 어떻게 이야기해 줄 수 있을까? 에잇! 나도 어른인데, 아직 그 답을 모르겠다.

누군가 내 얼굴에 침이나 뱉지 않으면 다행이다.

생일이 더 이상 설레지 않을 때

생일엔 떡국을 먹는 줄만 알았다. 진짜다! 1월 1일에 태어난 나는 철들기 전까지 세상 모든 사람의 생일이 떡국으로 시작하는 줄 알았다. 그러니 누군가 생일에 "미역국 먹었어?"라고 물으면 여간 어색하지 않다. 복날 "마라탕 잘 먹었어?"라고 묻는 기분이랄까. 1월 1일의 생일은 늘 새해 인사에 묻혀간다. 카운트다운이 끝나자마자 '해피 뉴 이어!'가 폭탄처럼 쏟아지고, 단체 문자와 광고 메시지가 도배된다. 나만을 위한 생일 축하는 세상 어디에도 없다. 연말에 미리 생일이랍시고 모이면 송년회로 끝나버리고, 새해엔 다들 금주, 금연 선언에 술 한잔 얻어먹기도 힘이 든다. 선물? 어릴 땐 세뱃돈으로 때우더니, 어른이 돼서는 '연말에 지출이 많아서…'로 퉁친다. 결국 내 생일은 매년 새해의 들뜬 기운 속에 묻히고 만다. 온전히 나만 주인공이어야 할 날인데, 모두가 희망찬 얼굴로 새해를 맞이하니, 내 행복이 1/n로 나눠지는 기분이다. 에잇! 손해다. 그렇다. 나에게 생일은 장르만, 해피버스데이다.

혹시 이런 경험 있으신가요? '아! 또 생일이네' 하며 자신의 생일을 무심히 넘겨버린 적. 꼭 1월 1일이 아니더라도, 나이가 들수록 생일이란 게 점점 특별하지 않게 느껴진다. 설렘이 사라지고 무뎌진다. 맞다. 원치도 않는데 해마다 꼬박꼬박 찾아오는 생일이라니…. 그다지 달갑지도 감동적이지도 않다. 해봐야 그저 1년 중 평범한 하루일 뿐이다. 그래, 먹고살기도 바쁜데 무슨 놈의 생일 타령이란 말인가.

생일의 설렘이 없어진다는 건 어른이 되었다는 증거다. 5월이 생일인 딸은 4월부터 자신의 생일을 기다린다.

"아빠, 생일이 한 달 남았어. 그때 뭐 할까? 엄마, 나 너무 기분 좋아."

작고 사소한 일이 세상 전부인 듯 좋은가 보다. "아니 뭐가 그리 좋아?" "그럼 안 좋아? 내 생일인데?"라며 한 달 전부터 행복지수를 풀장착한다. 이상한 일이다. 무엇인가 빠진 게 분명하다. 딸아이는 생일 하나로도 저렇게 설레는데, 내 설렘은 대체 어디로 간 걸까? 나도 분명 내 생일을 행복해할 권리가 있는데 말이다.

내게도 생일이라는 행복 추구권이 있어! 생각해 보면, 내가 태어난 날 나의 부모님은 아마도 기쁨에 펄쩍펄쩍

뛰었을 것이다. 틀림없다. 자식만 행복하면 된다고 바랐을 거다. '그래서 그게 지금 나랑 무슨 상관인가?' 내 말은 이거다. 적어도 생일만큼은, 기뻐하자는 거다. 생일이 특별한 이유는 1년 365일 중 단 하루만큼은 오로지 '나 자신'을 위해 존재하는 날이기 때문이다. 어차피 이 세상에 태어난 이상, 그 하루쯤은 나를 위해 당당히 기뻐하며 보내도 되지 않을까. 아니, 어쩌면 바로 그런 날을 위해 우리는 버티고 살아가는지도 모른다. 모든 날이 반짝일 수 없다면, 최소한 생일만큼은 그러자는 거다. 괜히 주민등록에 생일이 쓰여 있는 게 아니다. 맞다. 국가가 인정한 공식 생일이잖은가 말이다.

 물론 생일이라고 해서 꼭 대단한 잔치를 벌이자는 게 아니다. 그저 생일 아침만큼은, 부스스 눈을 뜨는 그 순간이나 손이 닿지 않는 짝꿍의 등을 슬쩍 긁어주는 짧은 시간, 따끈한 커피에서 피어오르는 향기, 달그락거리는 아이스 아메리카노의 얼음 소리, 거리 매장에서 선물처럼 흘러나오는 낯익은 음악, 오랜만에 걸려 온 친구의 전화 한 통, 계절마다 조금씩 달라지는 집 앞 풍경, 주말 약속을 기다리는 마음 같은 것들을 조금 더 느긋하게, 조금 더 따뜻하게 누려보자는 거다.

행복이란 결국, 이렇게 별것 아닌 순간들이 포개지고 포개져 삶을 풍요롭게 만들어 주는 것 아닐까. 어쩌면 매일이 생일처럼 반짝일 수는 없지만, 그 일상의 조각들 속에서도 우리는 가끔 기쁘게 살아갈 수 있을지도 모른다. 그러니 오늘만큼은, 기꺼이 나를 축하해 주자. 어른답게, 유쾌하게.

그러니 발톱아, 너도 힘내렴!

'어라? 또 언제 이렇게 자랐대?'

깎은 지 얼마나 됐다고 벌써, 손톱이 백설공주 왕비마냥 길어졌다. 손톱 자라기 대회가 있다면, 나는 분명 이 분야 세계 챔피언이 됐을 것이다. 보여주고 싶어도, 달리 방법은 없습니다만 어쨌든. 또.깍.또.깍. 다시 손톱을 자르며 무슨 이유로 내 손톱은 이리 빨리 자라는 것일까? 한참 생각을 한다.

사실! 손톱이 빨리 자라는 이유는 순전히 모기 탓이다. 모기에 물려 정신이 혼미해질 때쯤, 십자로 꾹! 가로로 한번, 세로로 다시 한번 물린 곳을 손톱으로 눌러주면 만사 오케이다. 그렇게 모기 물림 퇴치용! 가려움 방지용으로 손톱은 자라고 또 자라는 게 틀림없다. 그리고 어쩌면, 힘으로 감당 안 되는 상대방의 얼굴을 성난 고양이 앞발처럼 할퀴는 치명적 무기로, 막힌 코와 귀 속을 적시 적소에 파내는 뚫어뻥의 도구로, 심심할 때 손톱 사이 이물질을 빼는 레저용으로, 간지러운 등 긁기 효자손으로, 캔맥주 따는 오프너로, 언박싱 배송 스티커 떼기용으로, 누군가를 그리워하며 헛헛한 마음을 달래는 물어뜯기용으로, 나이 먹어 더 이상 자라지 않는 자신의 키에 대한 심적 치료제로, 드라큘라, 처녀 귀신, 늑대인간이 세상에 존재한다는 실존론의 상징으로, 그리고 어쩌면 다국적 글로벌 매니큐어 회사가 손톱이 빨리 자라는 물질을 몰래 개발해 사람들 모르게 음식에 주입시켰기 때문일지도 모른다. 그래 다 이유가 있었구나! 손톱이 빨리 자라는 이유가 있었어!

'그럼 왜 발톱은 이 모양이지?'

손과 발이 분명 한 몸일 텐데, 발톱은 왜 손톱처럼 빨리 자라지 않는 것일까? 깎은 지 한참이 지났는데도 발톱은 변화가 없다. 발톱은 어제도, 오늘도, 내일도 여전히 그대로다. 알다가도 모를 일이다. 손톱처럼 햇빛도 보고, 사랑하는 누군가를 어루만지고, 쓰다듬고, 눈물을 닦아주고, 이쁘게 화장하고 다니지 않아서일까? 할퀴는 무기도, 뚫어뻥도, 효자손도, 오프너도, 모기 가려움 방지용도 될 수 없어서일까? 발톱에겐 대체 무슨 사연이 있는 걸까?

중년의 독거남, 히라야마는 도쿄의 공중화장실 청소부다. 그의 삶은 언제나 똑같다. 매일 같은 시간에 잠에서 깬 그는 식물에 물을 주고, 낡은 카세트테이프 음악과 오래된 문고 서적을 듣고 읽으며 반복된 일상을 산다. 똑같고 평범한 하루가 매일 반복되지만, 그는 그 하루를 버리지 않는다. 묵묵히, 정성껏, 별다른 말도 없이 살아간다. 맞다. 그는 그저 도쿄의 공중화장실 청소부다. 빔 벤더스 감독의 영화 「퍼펙트 데이즈」는 참 조용한 영화다. 주인공은 영화 시작 30분이 다 되도록 한마디 말이 없다. 이 정도면 관객들도 모두가 대사를 다 외울 판이다. 그런 과묵한 그가 조카와 자전거를 타며 이렇게 말한다.

"다음은 다음이고, 지금은 지금이야."

 어른이 되면, 뭔가 특별할 줄 알았다. 세상이 무료하지 않을 줄 알았다. 그래서 서둘러 어른이 되려 했던 게 아닌가. 뭐가 될지에만 매달렸던 게 아닌가 말이다. 그런데 막상 그 어른의 세계는 생각보다 조용하다. 그냥 그저 그런 날들의 반복이다.
 다음은 다음, 지금은 지금. 뭐, 별 뜻도, 거창한 철학이 담긴 것 같지도 않은 말이다. 하지만 이상하게 그 말이 마음에 남는다. 어제와 오늘이 닮았고, 오늘은 또 내일과 같지만, 그 단조로운 하루를 히라야마는 충실하게 살아낸다. 그렇게 세상 모든 어른은 지금을 살아낸다. 괜찮다 말한다. 꼭 무언가를 이루지 않았어도 된다. 인생이란 결국 완벽하지 않은 날들이 쌓여 결국엔 완벽한 어떤 시간을 만들어 가는 것일 테니까.

"그래서 발톱은 대체 왜 그런데?"
"손톱은 눈에 띄잖아. 그러니까 자꾸 깎아야 해."
"그럼, 발톱은?"
"발톱은 아무도 안 봐. 자기도 자랄 필요를 잘 못 느끼는 거지."

손톱은 꾸며지고 다듬어지지만, 발톱은 양말 속, 구두 속, 관심 밖이다. 그저 조용히 자리를 지키고 있을 뿐이다. 어쩌면, 가장 외롭고 험한 곳에서 세상의 온 무게를 묵묵히 견디며 살아가는지도 모른다. 하루 종일 땅을 딛고, 바닥을 버티며, 소리 없이 자라면서도, 자신도 자라는 줄 모른 채 살아간다. 그렇다. 어른이 되어간다는 건, 자라는 손톱이 아닌 견디는 발톱이 되어 가는 일이다.
쓸데없는 생각에 발톱을 내려다본다. 그러니 발톱아, 너도 힘내렴!

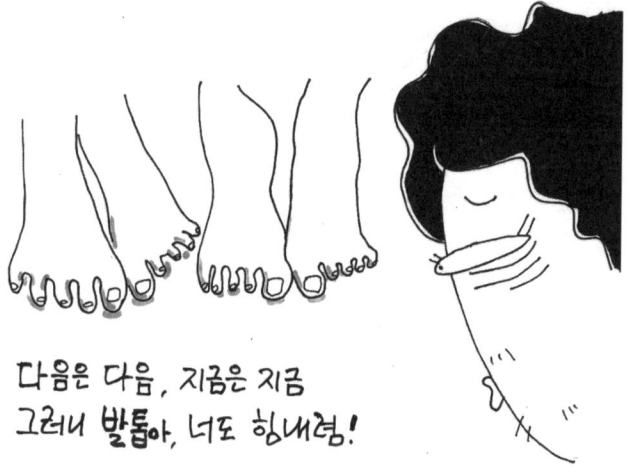

꽃보다 삼겹살

"치사하게 두 사람만 고기 먹고 오냐?"
"너는 우리보다 더 오래 살 거잖아! 그러니 어쩔래?"
"무슨 어른들이 이러냐!"

어떻게 알았지? 옷에 냄새라도 밴 건가? 방심했다. 실수다! 안 들키게 페브리즈라도 뿌리고 들어왔어야 했다. 토요일 저녁, 고등학생 딸을 두고 짝꿍과 저녁을 먹고 들어오자, 문 앞에서 도끼눈의 딸이 쏘아붙인다. 예민한 후각이 발동한 게 틀림없다. 부아가 치밀었는지 얼굴은 붉으락푸르락이다.

"아… 다른 집은 자식 위한다고 정신없다는데 너무 한 거 아냐?"

아… 그런가? 다른 집 사정이야 내 알 바 아니다. 모르겠다. 그렇지만 우리 집은 늘 이렇다. 우리가 먼저다. 좋은 것, 맛있는 것, 보고 싶은 것, 쓰고 싶은 것. 후순위가 늘 딸이다 보니, 이날은 한참 억울했던 모양이다. 아니 그렇게 억울하면 네가 먼저 부모로 태어나던가.

천륜을 저버린 극악무도한! 9시 뉴스에나 나올법한 못된 부모는 아니지만, 이건 분명 우리 부부가 가진 삼겹살에 대한 철학이다. 너는 우리보다 오래 살 거니까, 빨리 죽을 엄마 아빠는 그래서 더 좋은 거, 맛난 거, 재밌는 걸 먼저 누려야 한다. 자식이야 앞으로도 새털처럼 많은 날이 있으니, 그때 먹고 마시고 놀면 그만이다.

'그러니 너도 나중에 네 자식 생각하지 말고 너 자신을 온전히 사랑해라. 자식보다 네가 먼저다! 인생 뭐 없다.'

혹시 이런 경험 있으신지? 부모님을 만나고 돌아오는 길은 늘 마음이 편치 못하다. 세월에 어느새 노인이 돼버린 부모를 보면 한없이 아리고 속상하다. 자식 뒷바라지하느라 좋은 것, 맛있는 것, 보고 싶은 것, 쓰고 싶은 것, 다 해보지도 못하고 자식만 바라보고 산 우리들의 부모님이다. 얼마 전 홀로 되신 노모를 생각하며 운전대를 잡고 올라오는 길, 눈물이 쏟아졌다. 아! 이게 말로만 듣던 갱년기인가? 떨어지는 낙엽만 봐도 울컥한다더니, 이게 다 에스트로겐 과다분비 탓이다. 이럴 때 눈물용 와이퍼라도 있으면 얼마나 좋을까.

 무겁고 아픈 마음은 꼭 늙어버린 부모 때문만은 아니다. 그럼 왜지? 왜 이렇게 뜻 모를 아픔의 쓰나미가 몰려오는 거지? 왜 죄스럽지? 나만 이런가? 부모는 모두 자식바라기다. 갓난아이 땐 길가에 유모차만 보이고, 유치원생 땐 노란 승합차만 보이고, 초등학생 땐 학교 앞 문방구에서 게임하는 아이만 보이고, 중학생 땐 교복만 보이고, 고등학생 땐 학원과 독서실만 보이고, 대학생 되면 연애하는 커플만 보이고, 군대 가니 뉴스에 군인들만 보인다 한다.

 다 큰 자식인데도, 군대 가면 군대 가서 걱정, 졸업하면 취업 못 해서 걱정, 취업하면 결혼 못 해서 걱정, 결혼하면 아이 안 낳아서 걱정, 아이 낳으면 또 둘째 안 낳는다고 걱정, 걱정, 걱정. 비 오면 비 와서 눈 오면 눈 와서, 더우면 더워서, 추우면 추워서 자식 걱정만 하다 세월 다 가고 늙어버린 우리들의 부모다. 그러니 고향집에서 올라오는 길은 마음이 쓰리고 아프다. 시골길은 눈물 로드다. 죄스러워 죄인이 된다. 나 살기 바쁘니 뭐 해드릴 수도 없고, 그래서 또 슬퍼진다. 일방적인 사랑만 받았는데 되갚을 자신이 없다. 그렇다. 마음에 부채만 잔뜩 지고 파산 직전이니 언제나 슬플 수밖에 없는 거다. 무슨 무슨 카드

론이나 무담보 대출이라도 있어서 그 빚을 갚을 수 있다면 좋으련만, 세상에 그런 대부업은 찾을 수가 없다. 그러고 보니 괜찮은 사업 아이템이다. '부모사랑빚 청산업!' 투자 기다립니다. 에헴!

사랑에도 총량이 있다. 부모님은 그 총량을 자식에게 다 써버렸다. 자기 자신을 사랑할 조금의 여분도 남기지 않고 올인한 거다. 조금은 자신을 위해 남겨두고 잘 먹고 잘 사는 모습을 보여줬더라면, 지금의 죄스러움이 덜했을지 모른다. 에잇! 이게 다 자식만 바라본 수많은 부모 탓이다.

그래서 결심했다. 짝꿍과 나는 '부채 없는 부모'가 될 거다. 우리 딸은 엄마 아빠한테 빚 없는 깨끗한 우량 성인이 되었으면 한다. 생각해 보면 세상 모든 부모는 오직 자기 자식 잘되기만 바란다. '딸아, 아들아! 잘 먹고 잘 살아라' 했지, '네 인생 다 포기하고 자식한테 희생하렴!' 하지 않는다. 그래서 딸이 어른이 되고 부모가 되더라도 자식 따위 바라보지 말고 혼자 잘 먹고 잘 살았으면 좋겠다. 난 손주 따위 관심 없으니까. 그리고 먼 훗날, 우리 부부가 꼬부랑 늙수그레 노인네가 되었을 때, 그리고 무덤 앞에서 이렇게 말해주길 바란다.

'이 양반들, 참 잘 놀고 갔네. 나도 잘 놀다 가야지!'

한참 먼 이야기 일려나? 사람 일은 모른다. 하지만 하나만은 확실하다. 어쨌든, 삼겹살은 짝꿍과 둘만 몰래 먹을 때가 제일 맛있다. 그렇다. 앞으로도 나는, 아주 이기적이고 잘 노는 어른이 될 거다.

마흔의 사춘기

'마흔의 사춘기'라 말한다.

왜일까? 마흔이면 충분히 어른이 아녔던가? 미혹되거나 유혹에 흔들리지 않는 나이라는데, 흔들리고 또 흔들린다.

마흔쯤 되면 사랑하는 가족과 안정적인 직장, 풍요로운 삶이 기다릴 줄 알았다. 젖과 꿀이 흐르는 제법 안온한 인생이 거기에 있을 줄 알았다. 그래서 이렇게 10대, 20대, 30대를 쉬지 않고 미칠 듯 달려왔잖은가 말이다! 그런데 그런 평화로운 삶이 없단다! 에잇! 거짓말! 이게 다 공갈빵였단 말인가? 여전히 마음은 10대의 방황처럼 들끓고 불안하다. 흔들리지 않는다면서요. 흔들리지 않는 편안함은 대체 어디에 있는데요.

10대의 사춘기야 그래 '네 나이 땐 다 그런 거다. 그러니 괜찮다! 또 발라당 넘어지렴. 괜찮다. 괜찮다' 이러지만 마흔은 그 어디에서도 이해받고 위로받지 못한다. 에누리가 없다. 쉼 없이 달려왔는데 이뤄놓은 것이라곤, 나를 나타내주는 것이라곤, 달랑 명함 한 장뿐이다. 그러니 방황할 수밖에 없다. 이것이 바로 마흔의 사춘기다. 한데 참 이상하다. 영구적 손상으로 의지와 상관없이 움직이는 근육처럼, 불안한 마음은 무언가 더 움켜쥐려 한다. 그나마 쌓아온 알량한 재산과 지위, 관계를 잃지 않으려 전전긍긍이다. 손안에 있는 그 알량한 옥수수 한. 톨. 때문에.

서사모아는 남태평양에 위치한 아름다운 제도다. 이곳 원주민들은 민첩한 원숭이를 아주 손쉽게 잡는다. 방법은 이렇다. 우선 원숭이들이 자주 출몰하는 곳에 커다란 야자나무를 찾는다. 야자나무 밑동에 작은 구멍을 하나 파내 그 안에 과일이나 옥수수, 콩 등을 넣어 놓는다. 끝!

이제 집으로 돌아가 룰루랄라 놀면 그만이다. 뭐, 덫은 놓는 것도, 그물을 던지거나 창이나 활을 이용할 것도 없다. 그냥 다음날 느긋하게 야자나무에 가서 원숭이 손을 잡고 데려오기만 하면 된다. 어떻게 잡았냐고요? 야자나무로 다가온 원숭이는 구멍 안으로 손을 넣어 옥수수를 움켜쥔다. 배도 고팠겠다. 머릿속은 온통 옥수수 생각뿐이다. 어라! 그런데 손이 빠지지 않는다. 움켜쥔 옥수수를 버리면 그만인데 온통 옥수수 생각에 움켜쥔 손을 풀지 않는 거다. 맞다. 이게 다 욕심 탓이다. 미련 탓이다. 손안에 쥐고 있는 알량한 명함 때문이다.

월급과 위치라는 작고 달콤한 안락함에 취해, 내가 하고 싶고 놀고 싶은 것을 하지 못하고 있는 것은 아닐까? 마흔의 사춘기가 그토록 힘든 이유는 손안에 있는 그 알량한 옥수수 한 톨 때문이 아닐까? 그 움켜쥔 손을 놓으면 그만인데 이러지도 저러지도 못하다가 결국 붙잡히고 마는 서사모아의 원숭이가 아닐까? 그래서 손을 놓기로 마음먹었다. 붙잡히고 싶지 않아서다. 이게 내가 옥탑방으로 출근하는 이유다.

옥탑방을 얻고 계약서에 도장을 찍는 날, 지난 20년을 돌아봤다. NGO 단체에도 있어 봤고, 영화 잡지와 영화 마케터로 영화판을 굴러다녔고, 공연판에서 배를 곯아가며 일도 해봤다. 잘 나가는 게임사에 들어가 잘 나가는 게임도 팔아봤고, 광고회사를 두 개나 만들어 하나는 팔고, 나머지 하나는 망하는 중이다. 그동안 난 무엇을 붙잡고 있었을까? 단 하루도 쉬지 않고 달려왔지만, 날 위해 온전히 단 하루도 보내지 않은 것 같았다.

내 목표는 세상에서 제일 잘. 노.는. 어.른.이 되는 거다. 그래서 움켜줬던 손을 놓았다.

옥탑방 계약서를 내려다보며 씨~익 웃었다. 그래! 서사모아의 원숭이가 되지 않겠어! 손을 놓으니, 자유가 놓였다. 이제부터 글을 쓰고, 책을 읽고, 머리를 이리 뒹굴, 저리 뒹굴거리며 놀아볼 생각이다. 노는 거라면 자신 있다. 누구보다 잘 놀다 보면 누구보다 잘 살지 않을까 싶다. 물론 마음 한구석이 쎄하다. 대책 없이 손을 놓아버렸으니, 이제부터 어떻게 먹고살아야 할지 모르겠다. 아! 또다시 손이 간질간질 무언가 움켜쥐고 싶어진다. 그래! 가수 싸이의 말이 옳다. 내일 걱정은 내일모레! 아차차! 수학에는 정석이 있듯, 영어 하면 성문종합영어다. 나는 성문종합영어 대신 맨투맨이라는 참고서로 공부했는데, 서사모아의 원숭이는 그 책에 실려있던 예문이다. 그 영어 참고서가 딱 하나라도 쓸모 있어 다행이다.

내 마음이 이토록 흔들렸던 게…
이거 때문였나?

알량한
옥수수 한 톨

그래, 어른은 특별한 이유 없이도
무엇이든 할 수 있는 사람인 거다.

그래! 어른은 특별한 이유 없이도
무엇이든 할 수 있는 때다.

4막

놀다 보면 뭐라도 되겠지

당신의 밑반찬을 응원합니다

누구나 주인공이 되길 원한다.
식당 테이블에 제일 먼저 놓이는
밑반찬이 되고 싶은 사람은 없다.

나는 소고기 말고, 어묵볶음이 될 테야!
나는 다금바리회 말고, 콩나물무침이 될 테야!
이러는 사람은 없다.

그러나, 살다 보면
모두가 메인 요리가 되고,
모두가 주인공이 될 수는 없는 것이다.

테이블에 놓인 밑반찬들을 보고 있자니,
이게 또 우리 삶인가 싶다가도 어째 짠하다.
그래서 그들을 응원한다.

그래, 너도 너 나름의 반찬이라고.
너도 너 나름의 맛이 있다고.
너도 너 나름의 소중한 인생이라고.

잘 살아라!
깻잎장아찌 너 정말 끝내주더라!

자네 꿈이 뭔가?

내 꿈은
세상에서 가장 맛있는
콩나물 무침이 되는거야

지금 행복해지고 싶다면

 전격 공개! 로또 100퍼센트 1등 당첨 비법이 여기 있다. 쉿! 당신에게만 알려주는 특급 선물이다. 우선 로또를 산다. 사람들은 늘 로또를 사지도 않고 당첨을 바란다. 사지도 않으면서, '왜 나는 당첨이 안 되지?'라는 고약한 투덜이가 된다. 그러니 당장 로또부터 사는 거다.

 로또를 사면, 당첨 확률은 이미 50퍼센트다. 당첨되거나 당첨되지 않거나! 거기에 당첨되면, 1등 확률 50퍼센트다. 1등이 되거나, 그렇지 못하거나! 어떤가? 심장이 두 근 반 세 근 반, 당장 로또 가게로 달려가고 싶지 않은가? 흑심을 품으려면 연필 가게에 가야만 해!

블라디미르 : 우린 여기서 할 수 있는 게 없네.
에스트라공 : 어딜 가도 마찬가지지.
블라디미르: 고고, 그런 소리 말게. 내일이면 다 잘 될 거니까.
에스트라공 : 잘 된다고? 왜?

블라디미르: 자네 그 꼬마가 하는 얘기 못 들었나?
에스트라공: 못 들었네.
블라디미르 : 그놈이 말하길 고도가 내일 온다는 군. 그게 무슨 뜻이겠나?
에스트라공 : 여기서 기다려야 한다는 뜻이지, 뭐.
- 사무엘 베케트 『고도를 기다리며』

『고도를 기다리며』는 누군가를 기다리는 늙은 두 주인공의 이야기다. 맥락도 없다. 이유도 모른다. 그들은 그저 기다리기만 한다. 아무것도 하지 않고 아무 의지도 없이 기다릴 뿐이다. 하지만 한 가지는 확실하다. 아무것도 하지 않으면, 고도는 결코 오지 않을 것이다.

지금까지 나는 로또 당첨을 바라면서, 로또는 사지 않는 사람들을 많이 봐왔다. 아니, 나 역시 그런 사람일지 모른다. 좋은 대학을 바라며 공부는 하지 않았고, 좋은 직장을 원하며 자기 계발은 미뤘다. 이쁘고 잘생겨지기를 바라며 침대는 떠나지 않았고, 하고 싶은 일을 바라며 퇴사는 두려워했다. 인정받기를 바라며 다른 이를 인정해 주지도 않았다.

그래서 뭐 어쩌라는 거냐고? 그러니까, 내 말은 이거다.

뭐라도 좀 해보자는 거다. 그렇다! 흑심은 연필 가게에 가야만 품을 수 있는 거다. 그렇지 않다면 고도를 기다리는 쭈그렁탱이 주인공이 될 테니까. 아무것도 하지 않으면, 아무런 일도 일어나지 않을 테니까. 지금 짝사랑 중이라면, 그에게로 가서 당장 고백해 보자. 뭐 어떤가? 어차피 안될 거라면, 원 없이 찔러라도 보는 거다. 지금 현실이 답답하고 힘들다면, 가방을 싸서 당장 여행을 떠나보자. 무슨 걱정인가? 어차피 우리는 평생 빚 갚으며 살 팔자다. 5천만 원이나 5천5십만 원이나 거기서 거기, 오십보백보다. 지금 행복해지고 싶다면, 지금 당장, 나를 행복하게 만드는 게 뭔지 알아보자. 어차피, 행복은 남의 거울에 비친 내가 아닌, 내가 나를 비춰보는 거울이니까. 그러니 연필 가게로 당장 달려가 흑심을 품어보자.

일주일이 행복하다면...
평생 사면 평생 행복한거 아닌가?!

힛~
아~ 행복해~

, , , , ,

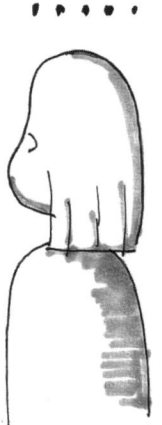

오늘이 제일 젊은 나이

부부가 옥탑방으로 출근한다고 하니, 물 새는 옥탑방이 뭐가 그리 궁금한지, 지인들이 참새마냥 자주 옥탑방에 찾아든다. 대체 뭐 해 먹고 사는지도 궁금하고, 뭐하고 노는지도 궁금한 모양이다. 없는 살림이지만, 어렵게 시간 내어 찾아와 주는 고마운 지인들을 맨바닥에 그냥 앉으라 할 수도 없는 노릇이고, 이것저것 옥탑방에 들여놓을 물건들도 볼 겸, 주말 아침 일찍 동묘 인근 벼룩시장을 찾았다.

청계천을 중심으로 황학동과 동묘의 풍물시장은 시간이 켜켜이 쌓여있는 곳이다. 요즘 TV 예능 프로그램에 나오며 아주 힙해진 장소라고 해도, 연령대를 보면 주로 허리 굽고 나이 지긋한 어르신이 대부분이다.

낡았지만, 늙지 않았다.

벼룩시장엔 없는 것이 없다. 길바닥에 산처럼 쌓여있는 헌 옷. 유행 지난 잡지, 빛바랜 문고 서적, 박물관에나 있을 법한 브라운관 TV, 필름 카메라, 라디오, 전축, 낡은 운동화, 요즘 다시 핫해진 LP, 모서리가 깨진 책상과 의자, 타자기, 괘종시계, 악기, 전축 등 이미 그 쓰임을 다했지만, 또 다른 쓰임을 바라는 물건들로 가득하다.

길을 따라 걷다 보면 수십 년은 되어봄 직한 물건이 좌판에 올려져 있다. 오래된 서적, 장신구, 은식기, 장난감, 가구, 그림, 유리잔 등 잘만하면 어딘가에 숨겨진 아주 진귀한 보물을 찾을 것만 같다. 왜 있잖은가? 우연히 얻은 동전 하나로 팔자를 고쳤다는 해외 토픽 같은 거. 다니다 보면 깐깐한 주인장도, 적당히 흥정을 받아주는 주인장도 만나게 된다. 어쨌든 한번 흥정을 해봄 직하다. 시장이니까. 특별한 이문을 남기는 장사가 아니라면 흥정의 득실을 떠나 추억이 된다. 제법 재미가 쏠쏠하다. 한때 누군가의 소유였을, 몇 번의 주인이 바뀌고 그들의 손때가 묻은 빈티지 제품은 주인의 취향에 따라 또 누군가의 소유가 된다. 그렇다. 우리에게 낡고 오래되고 보잘것없어 보이는 그 어떤 것도, 이곳에서는 현재의 것이고 지금의 시간이다.

빈티지한 물건을 산다는 것, 오래되고 낡은 물건을 산다는 것이 반짝반짝 윤이 나는 신상 물건을 얻는 것보다 좋을 수야 없다. 그렇지만 새 물건과 비교할 수 없는 그 만의 감성이 분명 존재한다. 그것은 시간이 켜켜이 쌓이고 쌓인 잔 하나, 그림 한 점! 거기에 깃들여 있는 사연과 이야기를 함께 나누고 공유하는 거다.

좀 더 놀다 가게. 빼지만 말고.

물건뿐이 아니다. 이곳은 어르신들의 핫플레이스다. 벼룩시장을 걷다 보면 깜짝 놀랄 패션피플들과 마주친다. 아이라인을 그리고 짧은 치마를 입은 할아버지, 새하얀 페도라와 새하얀 정장과 백구두의 노신사, 레이디 가가처럼 차려입고 아이스 아메리카노를 빨대에 꽂아 마시는 선글라스의 할머니, 마이크를 잡고 버스킹하는 팔순의 노부부. 아! 이런 힙한 세상이 여기 있었단 말인가?

시장의 한쪽에선 화채와 식혜, 그리고 커피 둘, 설탕 둘, 프림 둘의 전설의 황금비율 다방 커피를 판다. 그렇다. 이곳은 어르신들의 스타벅스다. 다른 한쪽에서는 시원한 막걸리와 소주, 오뎅과 꼬치를 판다. 어르신들의 하이볼 스탠딩 바인 거다. 둠칫 둠칫 두둠칫, 한쪽에서는 음악이 흘러나온다. 어르신들의 라운지바다.

"어이! 웨이터, 저쪽 테이블, 스카프 여사님께 막걸리 한 잔 드려!"

힙하기 짝이 없다. 그렇다. 어르신도 어르신만의 청춘이 있다.

"그래, 한 잔만 더하게, 에른스트! 다음에 다시 만날 땐 둘 다 지금처럼 젊지는 않을 테니 말이야! 그러니 좀 더 놀다 가게. 빼지만 말고."
- 에리히 마리아 레마르크 『사랑할 때와 죽을 때』

2차 세계 대전, 참혹한 전장에서 3주간의 짧은 휴가를 얻은 에른스트 그래버에게 고교 동창 알폰스는 말한다. 그들은 죽음에 익숙하다. 어제의 전우도, 고향의 부모와 이웃도, 사랑하는 연인조차, 내일은 곁에 없을지 모른다. 영원할 것 같은 인생도, 삶도 쉽게 사라져 버릴 수 있다는 것을 누구보다 잘 안다. 그래서 어쩌면 오늘, 이 술자리가 그들 삶에 남은 단 하루일지도, 그래서 가장 젊은 날일지도…. 축배를 들자 말한다.

우리는 청춘이 영원할 줄 안다. 늙지 않는 줄 안다. 그러나 언젠가는 인생도 삶도 레트로가 된다. 그날 시장 구석에서 오래된 괘종시계를 하나 발견했다. 지금 우리 옥탑방에 제법 어울릴 법한 그런 시계였다. 귀에 보청기를 낀 백발의 시계방 어르신은 몸소 일어나 자신이 수리한, 오래된 시계들에 대해 하나하나 사연을 이야기 해준다. 듣다 보니 사연이 없는 시계가 하나도 없다. 그렇다. 한낱 시계마저 저마다의 사연이 있는데 사연이 없는 인생이 어디 있겠는가.

시계를 안고 돌아오는 길, 괘종시계 속에서 '째깍째깍' 울리던 소리가 자꾸 귓가를 맴돌았다. 그건 단지 시간을 알리는 소리가 아니라, 누군가의 지난날이었고, 지금 누군가의 오늘이었으며, 어쩌면 나의 내일일지도 모른다. 지금 내가 출근하는 이 옥탑방도 언젠가 누군가의 기억 속에 오래된 풍경이겠지만. 짝꿍과 나는 지금 여기에서 매일 아침 출근하고, 매일 밤 삶을 정리하고, 그렇게 하루하루를 살아내고 있다. 누가 뭐라든, 이 역시 지금의 청춘이다. 그러니 괜찮다. 낡아도 좋다. 오래되어도 좋다. 오늘도 우리는 우리만의 시간을 잘살고 있다. 그래, 한 잔만 더하자! 오늘이 제일 젊은 나이니까.

P.S.

"어휴! 젊은 사람들이 뭐 하러 이런걸 다 사가누?"

시계방 할아버지가 말했다. 그렇다. 짝꿍과 나는 1970년대 빈티지다. 시계방 주인장에게 우린 한창 때다. 백발의 할아버지 역시 오늘이 제일 어린 나이겠지?

좀 더 놀다가…
　　　　인생 뭐 없어

두 번째 인생은 없다

'파리는 내게 언제나 영원한 도시로 기억되고 있습니다. 어떤 모습으로 변하든, 나는 평생 파리를 사랑했습니다. 파리의 겨울이 혹독하면서도 아름다울 수 있는 것은 가난마저도 추억이 될 만큼 낭만적인 도시 분위기 덕분이 아니었을까요. 아직도 파리에 다녀오지 않은 분이 있다면 이렇게 조언하고 싶군요. 만약 당신에게 충분한 행운이 따라 주어서 젊은 시절 한때를 파리에서 보낼 수 있다면, 파리는 마치 움직이는 축제처럼 남은 일생에 당신이 어딜 가든 늘 당신 곁에 머무를 거라고, 바로 내게 그랬던 것처럼.'

어니스트 헤밍웨이의 유작 『파리는 날마다 축제』의 한 대목이다. 나는 이 글을 읽고, 그해 겨울 홀로 훌쩍 파리로 떠났다. 나이 마흔다섯 때다. 대책 없이 한 달 휴가를 내고 떠난 여행이었다. 아 몰랑, 가족이고 일이고 뭐고 그냥 떠날란다. 제정신인가? 그렇다. 가끔 어른도 철없을 권리가 있다. 물론 팔자 좋거나, 무슨 로또에 당첨된 것도 아니다. 나와 짝꿍은 먹는 것, 입는 것엔 도통 관심이 없다. 관심이 없으니 돈 쓸 일도 없다. 그래서 모으고 모은 돈으로 오직 여행에 몰빵한다. 우리 부부는 따로 또 같이 여행하는데, 이번엔 내 차례였다.

여행의 기술이라면 기술이랄까, 나는 주로 에어비앤비를 이용한다. 숙소에서 밥을 해 먹을 수 있으니, 돈도 그만큼 아낄 수 있고 한 달 예약으로 3~40% 숙소비를 절약할 수도 있다. 아무튼, 파리 9구에 작은 다락방을 100만 원에 얻어 나 홀로 한 달 파리지앵으로 지냈다. 그렇다. 어른은 가끔 일탈을 해도 되는 나이이다. 내 맘대로 한 달쯤 혼자 살아도 된다. 그동안 앞만 보고 살아왔잖은가!

겨울의 파리는 멜랑꼴리하다. 겨울 내내 우중충한 하늘과 차가운 바람, 시도 때도 없이 내리는 비는 사람을 한없이 우울하게 만든다. 이래서 그렇게나 와인을 퍼마시는 걸까? 암튼 주정뱅이가 되기 딱 좋은 날씨다. 그날, 파리 좌안의 재즈바를 찾았다. 영화 「라라랜드」에도 나와 제법 이름난 곳이었다. 주인공 세바스찬과 미아의 짧은 상상 속 엔딩씬, 플래시백 속 파리의 재즈바로 한국 여행자들에게도 꽤 유명한 장소다.

입구에서 술 한잔을 받아 지하 클럽으로 내려갔다. 일찍 온 덕에 무대 맨 앞에 앉을 수 있었다. 옆에 앉은 커플은 모리셔스에서 파리로 친구를 만나러 왔다고 했다. 그 친구가 밴드의 콘트라 베이시스트라며 공연 후 내게도 인사를 시켜준다. 여행은 모두의 마음을 열게 만든다. 묘하게 사람 사이의 경계를 허문다. 우리가 여행을 끊을 수 없는 이유다. 공연이 끝나자, 나이 지긋한 파리지앵들은 플로어로 나와 스윙을 추기 시작했다.

얼마나 지났을까. 영화배우 로빈 윌리엄스를 닮은 중년 남성이 내게로 다가와, 슬프고도 작은 목소리로 이야기 건넸다. 목소리도 비슷했다.

"내 스윙 파트너가 큰 병으로 많이 아프다. 그녀와 함께 춤을 추려 한다. 당신이 꼭 봐줬으면 좋겠다."

왜 내게 그런 말을 하는지, 무슨 까닭인지 이해할 수 없었지만, 필시 생의 마지막을 함께 스윙하고 있음을, 이 춤이 그들에게 작별의 인사임을 누군가 증언하고 기억해 주기를…. 짧은 단발, 허리 굽은 그녀와 스윙을 추는 그 짧은 순간, 중년 남성의 표정이 내게 말하고 있었다.

영화 「라라랜드」는 청춘의 꿈과 인생에 관한 이야기다.

'만약 우리가 그랬더라면.' 영화가 그토록 여운으로 남는 건 우리가 한 번쯤 경험했을 이루지 못한 그 '만약'에 대한 쓸쓸함 탓이다. 주인공은 서로 사랑을 했고, 헤어졌고, 각자의 엇갈린 인생을 살아간다. 만약에 그들이 헤어지지 않았다면 그들의 삶은 지금과는 달랐을 것이다. 다른 인생이 펼쳐졌을 것이다. 그러나 세바스찬과 미아에게 두 번째 인생이란 존재하지 않는다. 그렇다. 우리 모두는 한 번만 산다.

파리의 재즈바에서 마주한 그의 표정도 그랬다. 그는 눈빛으로 말하고 있었다. '만약… 우리가 그랬더라면'이 아닌 '만약이 없기에 소중한 나날들'이라고. 한 번뿐인 시간을, 다신 오지 않을 오늘을. 그 소중한 시간을 붙잡고 싶은 그 간절함을 이야기하고 있었다.

어차피, 인생은 일방통행이다. 잘못 왔다고 거슬러 올라갈 수 없다. 노빠꾸다. 두 번째 인생 같은 건 없다. 그러니 하루하루가 오늘만인 것처럼 살자. 재즈바를 빠져나오며 스윙 댄스를 배우고 싶어졌다. 생의 마지막을 함께 춤출 수 있다면 참 근사할 거라는 상상을 해본다. 놀거리가 하나 더 생겼다. 아우! 신나라!

P.S.

그 재즈바는 '까보 드 라 위셰뜨 Le Caveau de la Huchette' 입니다. 파리에 가게 된다면 꼭 들러보세요. 파리가 바로 내게 그랬던 것처럼!

어차피, 인생은 일방통행이야
만약?은 개나 줘버려
노빠꾸야 노빠꾸!
그러니 오늘은 춤이나 추자구!

놀다 보면 뭐라도 되겠지

 개미와 베짱이가 있었다.

 개미는 봄부터 가을까지 추운 겨울을 대비해서 온몸이 부서져라 일을 했다. 베짱이는 개미가 일하는 게 도통 이해되지 않았다. 하루라도 젊을 때 놀아야지. 늙어서 행복한 게 무슨 소용이란 말인가. 띵가~띵가~ 노래하고 춤췄다.

 차가운 겨울이 왔다.

 개미는 따스한 불 가에 앉아 봄부터 가을까지 뼈가 바스러지도록 일해서 얻은 음식을 구워 먹었다. 일하느라 무릎 연골이 나가고 머리카락은 듬성듬성, 백내장 녹내장 눈은 침침해졌지만, 분명 행복했다. 지금쯤 그 놈팽이 베짱이 녀석은 어찌 됐을까? '그래, 노력은 배신하지 않는다.' 어디선가 빌어먹고 있을 베짱이를 생각하면 내심 통쾌하기 짝이 없었다.

 그 시간 베짱이는 비행기 퍼스트 클래스에 앉아 샴페인을 홀짝거리며 그래미 시상식에 가고 있었다. 봄부터 가을까지 열심히 춤추고 노래했더니 기획사에 픽업도 되고

10억 뷰의 유튜브 스타가 된 거다. 내년에 2집 앨범으로 월드투어를 떠난단다.

걱정 말아요. 뭐 하나라도 되겠죠.

부부가 놀기 위해 옥탑방으로 출근한다고 하니, 대체 뭐 하고 노냐고 사람들이 묻는다. 어느 날은 음악을 듣고, 책을 읽고, 기타를 치고, 카메라로 사진을 찍고, 스케치북에 그림을 그리고, 글을 쓴다. 날씨 좋을 때면, 옥탑 마당에 자리를 깔고 삼겹살에 둘이서 소주 한잔을 마신다. 서울 한복판 삼성동 빌딩 사이, 낮에 구워 먹는 삼겹살은 제법 낭만적이다. 이럴 땐 바람마저 한량~한량 불어온다.

우리 부부는 이 옥탑방의 이름을 '놀고 있네'로 지었다. 그래야 더 가열차게 잘 놀 수 있을 테니까. 사람들은 돈 되는 일이 아니니, 호기심 반, 걱정 반이다. 우리 부부만큼 걱정할 일도 아닐 텐데. 아무튼, 걱정 고맙습니다. 잘 놀기 위한 나름의 원칙으로 우리는 옥탑방에 9시에 출근해 6시까지 놀다 퇴근한다. 휴일엔 이곳에 오지 않는다. 놀기를 멈추고 주말엔 잘 쉬어야 그다음 주에 또 잘 놀 수 있을 테니까. 그렇게, 진심으로 놀다 보면 뭐든 될 것이라는 믿음 하에 오늘도 신나게 놀고 있다.

진심으로 놀다 보면, 될놈될.

 진구 구장 외야석에 앉아, 맥주를 홀짝거리며 야구 개막전을 보던 하루키는 야쿠르트 스왈로스의 선두 타자 힐튼이 2루타를 치는 순간 '그렇지, 소설을 써보자' 결심했다. 그것은 일상도 아니었고, 생계도 아니었다. 그냥 해보고 싶었던 거였다. 그전까지 그는 도쿄 외곽에 있는 작은 재즈바를 운영하는 청년이었다. 음악 좋아하고, 고양이 좋아하고, 술 좋아하던 평범한 애송이 자영업자였던 거다. 그는 글과는 아무 상관도 없는 인생이었다. 정식 교육을 받은 것도, 직업 작가가 되겠다는 목표도 없었다. 그냥 '자기만의 놀이'였다. 글 쓰는 게 너무 재밌어서 매일 술 마시고 글 쓰고, 글 쓰고 술 마셨다고 한다. 그러다 처음 쓴 소설 『바람의 노래를 들어라』가 덜컥 공모전에 당선되어 작가가 된 거다. 그러니까 놀다가 세계적인 작가가 됐다는 말씀!

 '한국 영화 포스터 사진은 둘로 나뉜다. 강영호가 찍었거나 그렇지 않거나.'

 내가 영화 잡지에서 일하던 시절, 사진작가 강영호와 함께 많은 작업을 했다. 당시 그는 춤추는 사진사로 유명했는데, 그가 찍은 사진들은 언제나 모델의 전혀 다른 모습을 끄집어내는 힘이 있었다. 내 기억에 그는 불어불문과를 나왔다. 궁금했다. 딱히 사진을 전공한 것도 아닌데 어떻게 이런 작가가 될 수 있었을까? 어느 날, 함께 화보 촬영을 마친 저녁 자리에서 내가 물었다.

"작가님은 어떻게 사진작가가 됐어요?"
"뭐 별거 없어요. 여자친구 사진 찍어주다가, 여자친구가 자꾸 칭찬해 주니 재밌고 그래서 더 찍고 그러다가 우연히 계속 찍게 되고, 그렇게 놀다가 뭐 그러다가…."

짝꿍과 내가 이 옥탑방을 얻고, 이곳으로 출근하며 놀기로 결심한 이유는 지금 아니면 못 놀기 때문이기도 하지만, 제대로 놀다 보면 남들이 가지 않았던 길, 지금까지 보이지 않는 길이 나타날 거라는 믿음에서다. 100세 시대라면, 내 앞에는 지금까지 살아온 만큼의 시간이 더 남아있다. 그렇다. 지금은 전반전과 후반전 사이의 하프타임인 셈이다. 하프타임엔 잘 쉬고 잘 놀아야 한다. 그래야 남은 후반전에 멋진 승부를 펼칠 수 있다. 이기고 있다면 끝까지 리드를 놓치지 않을 것이고, 뒤지고 있다면 역전을 노리면 된다. 지금은 놀 시간이다.

그래서 결심했다. 적당히, 대충, 어설프게 놀지 말자! 진심으로 몰입해서 놀다 보면 뭐라도 될 것이다. 분명한 건, 베짱이도, 하루키도, 강영호도 분명 야무지게, 제대로 놀고 또 놀았다는 것이다. 그러한 이유로 나와 짝꿍은 오늘도 진심을 다해, 전력을 다해 몰입하며 하루를 놀고 있다. 인생에 대충은 없다. 그래! 놀다 보면 뭐든 되겠지!

P.S.
걱정 말아요! 광고 컨설팅도 하고, 집필과 강연도 하고, 투자도 적당히 하며, 오늘도 잘 먹고 놀고 있습니다.

과속 단속 랩소디

"오빠… 그만 좀 달려."

강원도 속초 가는 길에 문득 섬뜩한 기분이 들었던지, 부스스 게슴츠레 도끼눈을 뜨며 던진 짝꿍의 경고다. 계기판을 보니 시속 130과 140 사이에서 바늘이 파르르 떨고 있었다. 짝꿍이 잠든 사이 또 혼자 신나게 엑셀을 밟은 모양이다. 과속이다. 이게 다 급하고 경박한 내 못된 성격 탓이다.

"응. 방금 그런 거야…. 계속 천천히 가고 있었단 말이야."

핑계랍시고 둘러댔지만, 특급 감식 요원인 짝꿍은 어디 말 같지 않은 소리냐며 타박이다. 도로 곳곳 속도위반 카메라가 있지만 그 앞에서만 잠시 속도를 줄일 뿐, 또다시 분노의 질주다. 고질병이다. 휘발성 인격장애가 틀림없다.

다행히 고속도로에는, 핸들만 잡으면 지킬과 하이드를 오가며 눈을 희번덕거리는 광란의 운전자를 위해 '과속 단속 구간'이란 게 있다. 여기에서는 일정 거리를 시속 100과 110 사이로 정속주행을 해야만 한다. 이 구간을 지날 때면 시간과 속도가 아주 느리고 천천히 흘러가는데 '아! 이것이 바로 아인슈타인 선생께서 그토록 말했던 상대성 이론이구나' 깨닫게 된다. 답답한 속도도 참을 수 없고 게다가 상대성 이론이라니 고문이 따로 없다. 나 같이 못된 인간들에게는 정말 미칠 노릇이다.

그런데 이날 속초 가는 길은 좀 달랐다. 속도를 줄여 정속으로 10여km를 달리다 보니 좁아졌던 시야가 트였다. 산도 보이고 강도 보이고, 옆에 도끼눈은 치켜뜬 짝꿍도 보인다. 뒷자리에 뭐든지 물어뜯겠다며 모든 세상사에 불만인 사춘기 딸도 눈에 들어온다. 속도 좀 줄였다고 세상이 보이기 시작한 거다. 미시령 고개를 넘으며 생각한다. 이거 괜찮은데…. 인생에도 이런 구간이 있으면 좋으련만! 호사스럽게 천천히 걷지는 못하더라도, 너무 조급히 앞서지 않고 인생의 속도에 맞춰 빠르지도 느리지도 않게 정속으로 걸어가 보는 것은 어떨까? 어쩌면 우리는 인생이라는 핸들을 너무 꽉 부여잡고 앞도, 옆도, 뒤도 돌아보지 않고 엑셀을 끝까지 밟고 있었던 건 아닐까? 너무 빠른 속도로 달려 감각을 잃고 방향을 잃고 살아가는 것은 아닐까?

거 좀 천천히 달려, 마음에 교통사고 난단 말이야!

"대표님, 잠시 시간 되세요?"

싸늘했다. 틀림없다. 회사에서 가장 불길한 말이니까. 기획팀 A가 잠시 상담을 요청한 거다. 얼굴을 보아하니 분명 큰 문제가 생긴 게다. 그럼 사고만 안 쳤으면 됐어. 왜? 무슨 일이야? 텔미.

"그게 저… 저 좀 살려주세요! 제발!"

창백해진 얼굴로 울부짖듯 말을 내뱉었다. 3년 차 광고 기획자 A는 회사에서 아주 촉망받는 친구였다. 건축을 전공했지만, 기획자로 센스가 넘쳐 짧은 시간에 회사의 에이스가 됐다. 기획력과 제안 능력도 뛰어나 중요한 제안을 도맡다시피 했다. 그게 화근이었다. 처음에는 잠이 오지 않고 가슴이 계속 무한 펌프질을 했다고 한다. 그러다가 불안이 파도처럼 덮치고 숨을 쉴 수조차 없었다. 병원에 찾아갔더니 공황장애라 했다. 회사에서는 무기한 휴가를 주겠다 했지만 결국 A는 퇴사를 하고 말았다.

그에게 너무나 미안했다. 속도 조절을 해주지 못한 탓이다. 어른답지 못했다. 내가 한 사람의 인생을 망쳐놓은 건 아닐까? 플라톤 선생! 나이 먹으면 현명해지고 평안과 자유가 온다면서요. 거참! 거짓말도 잘하시네요.

번아웃. 너무 달리다 보니, 오직 달리다 보니 목적지를 잃고 어디로 가는지 지금 어디에 있는지, 옆에 소중한 누군가가 있는지도 모른 채 달리고 달리다 엔진이 터지고 마음에 교통사고가 난 상태다. 스스로든 주변에서든 이제 속도 좀 줄여도 괜찮아! 말해줘야 하는데 아무도 제어하지 못한 결과다. 대나무는 하루에 1m씩 자란다. 굵기에 비해 그처럼 하늘 높이 곧고 빠르게 자랄 수 있는 이유는 마디가 있기 때문이다. 마디는 성장을 멈추고 잠시 쉬어가는 시간이다. 그 쉼의 시간이 있어 대나무는 마디를 만들고 휘어질지언정 부러지지 않는 거다. 마디처럼, 과속 단속 구간처럼 인생에도 잠시 쉼의 시간이 있었으면 좋겠다. 그래, 천천히 가도 괜찮다. 조금 뒤처지면 또 어떤가? 더 자세히 볼 수 있는 것을! 보이지 않던 것을 볼 수도 있을 테다! 100세 시대라고 한다. 인생은 길고 할 일도 많다. 이제 지치고 힘들 때 잠시 멈추고 쉬어보자. 그래야 교통사고 나지 않고 또다시 여행을 떠날 수 있다. 그렇다. 속도를 줄일 줄 아는 게 어른이다. 차창 밖으로 손을 내밀어 손가락 사이사이 스치는 간지러운 바람이 기분 좋다. 구비 구비 미시령 고개를 따라 속초 앞바다와 울산 바위를 바라보며 천천히 도로를 내려온다.

'끼익'

코너에서 내 차를 앞질러 자동차 한 대가 쌩하니 달려나간다. 두 눈을 마주친다. 혈관 속에서 미하엘 슈마허라는 F1 드라이버의 광기가 튀어나온다. 다시 풀엑셀을 밟는다. 에잇! 작심 30분이다. 옆에서 150 데시벨의 소리가 들려온다.

"오빠!!!"

아! 이번 생에 우아한 어른이 되기는 다 틀렸다.

그러다 언제 놀래?

공부해라 공부해라 공부해라.
취업해라 취업해라 취업해라.
일해라 일해라 일해라.

결혼해라 결혼해라 결혼해라.
애 낳아라 애 낳아라 애 낳아라.
집 사라 집 사라 집 사라.

돈 벌어라 돈 벌어라 돈 벌어라.
가만… 그러다 언제 놀래?

대도시의 여행법

 '메멘토 모리'는 '죽음을 기억하라'는 뜻의 라틴어다. 죽음을 기억하라니? 이게 무슨 씻나락 까먹는 소린가? 그러니까, 삶과 죽음이란 전혀 다른 세계, 별개가 아니라 딱 붙어있는 하나라는 의미다. 그래서 생을 살아가며 언제나 죽음을 기억하고, 죽음이 늘 주변에 있기에 '카르페 디엠' 즉, '현재의 삶을 소중히 하라'는 거다.

 각자 삶을 살아가는 방식이 제각기 다르듯, 여행에도 각기 자신만의 여행법이 있다. 오선지 끝에 찍힌 도돌이표처럼 반복되는 일상들, 바스락! 건조한 하루들, 감동하기엔 무료한 만남과 생활들. 여행은 이런 도돌이표 지옥에서 차선을 바꾸고 잠시 벗어나게 만든다. 뜻하지 않은 낯선 장소에서 마주하는 사람과 풍경, 그리고 뜻밖의 감정을 접하게 한다. 그리고 또다시 일상으로 돌아온 우리에게 여행의 기억은 삶을 견디고 살아가게 하는 힘이 된다. 그것이 여행의 이유다. 맞다. 그게 바로 비싼 돈 들여가며 떠나는 이유다. 다들 하나씩은 자신만의 여행법이 있을 테니, 나도 슬쩍 숟가락 하나 얹어 보자면. 에헴!

파리의 공동묘지로 떠나는 여행

페흐라쉐즈, 몽파르나스, 몽마르트르. 파리에는 3대 공동묘지가 있습니다. 흔히 우리가 생각하는 공동묘지는 삶을 살아가는 도시에서 아주 멀리 떨어진, 산구석 어딘가 들구석 어딘가, 사람의 눈에 띄지 않는 곳에 있기 마련입니다. 그러나 파리의 공동묘지는 다릅니다. 가장 사람이 많이 오가는 곳, 삶과 죽음이 함께하는 도심에 자리하고 있습니다. 한 달, 이곳 파리에 머무는 동안, 시간을 두고 쉬엄쉬엄 찾아다녀야겠다 생각합니다.

그렇습니다. 세 곳을 다 가볼 필요는 없겠지만 자신을 사랑하고 문학과 예술을 사랑하는 사람이라면, 시간을 두고 한 곳쯤 방문해 보는 것은 어떨까 합니다. 메멘토 모리를 느끼고 카르페 디엠을 간직할 좋은 기회가 될 테니까요. 오늘 잠시 여유가 생겨 몽파르나스 묘지를 찾아갑니다. 몽파르나스 타워가 자리 잡은 바로 옆! 긴 나무 담장을 따라 걷다 입구에 들어섭니다.

세르주 갱스브르, 쟈크 시락, 기 드 모파상이 잠들어 있는 곳.

더없이 조용합니다. 전철을 타고 오는 사이 비가 내린 모양입니다. 그래서인지 인적이 드문 오후입니다. 무섭지 않을까? 좀 찜찜한 기분이 들지 않을까? 전혀 그렇지 않습니다. 5년 전 겨울에도 이곳과 페흐라쉐즈 묘지를 찾은 적이 있습니다. 사색을 즐기는 여행자라면 누구나 한 번쯤은 이곳에서의 산책을 추천합니다.

모파상의 묘를 찾았습니다. 오늘 에펠탑에서 여정을 시작해서인지 더 정감이 갑니다. 에펠탑을 싫어한 그는 파리에서 유일하게 에펠탑이 보이지 않는 에펠탑 내 식당에서만 식사를 했다 합니다. 그러나 여행자인 나는 모파상 역시 실은 그 탑을 무척이나 그리워했을 거라 믿습니다.

담장을 따라 잠들어 있는 무덤을 지나던 중, 꽃들과 메모가 놓여있는 묘 하나를 발견합니다. 당신을 만나러 여기까지 우리가 왔다는 뜻인지 지하철 티켓도 놓여 있습니다. 누구의 무덤이지? 가까이 보니, 실존주의 철학자이자 소설가인 장 폴 사르트르의 무덤입니다. 시몬 드 보부아르가 함께 묻혀 있습니다. 개인적으로 보부아르의 『아주 편안한 죽음』이 인생 책 중 하나인지라 남다른 기분입니다. 세상에 모든 딸들과 엄마들은 무조건 읽어야 하는 책입니다. 보장합니다. 두 사람 모두 편히 잠들어 있기를 한참을 무덤 앞에 서서 그들을 내려다봅니다. 시간이 얼마나 지났을까요? 그들을 뒤로하고 다시 무덤 사이를 걷습니다.

  이들도 한때는 삶을 살았을 겁니다. 어린아이로, 소년, 소녀로, 청춘으로. 사랑을 하고, 자녀를 낳고. 때론 슬픔에, 때론 기쁨에, 때론 노여워하고, 절망도 했을 겁니다. 그렇게 인생을 살았을 것이고 이제는 삶을 떠나 영원한 잠에 빠지게 되었을 겁니다. 문득, 지금 살아있는 이 순간이 더없이 소중하다는 생각이 듭니다.

  다시 1월의 비가 내립니다. 비가 내렸다 그치기를 반복합니다. 파리는 겨울입니다. 오늘 같은 분위기에 더없이 좋은 비입니다. 사실 오늘 이곳 몽파르나스 묘지에 온 이유는 꼭 이 사람을 만나고 싶었기 때문입니다.

  파리, 멜랑꼴리, 댄디, 룸펜, 파리의 플라뇌르, 도시의 산책자 샤를 보들레르, 내가 가장 좋아하는 작가 중 한 명입니다. 파리의 산책자, 도시의 산책자 보들레르가 여기 잠들어 있습니다. 지구 반대편에서 온 이방인을 그는 알아볼까요? 그렇게 한참을 말없이 바라봅니다. 그의 시집을 한 권 챙겨 올 것을 그랬습니다. 그의 무덤 발치에 앉아 글귀한 구절은 읽는다면 더없이 낭만적이지 않았을까요?

  시간이 얼마나 흘렀는지 모르겠습니다. 뒤돌아보니 1월

몽파르나스의 하늘, 햇살이 구름 사이로 비춰옵니다. 다음에 또 만날 수 있기를…. 파리식으로 작별을 건넵니다. 오부아~

이곳을 거닐다 보니 묘비석들은 무거운 침묵으로 나에게 말을 걸어옵니다.

인생은 덧없고 짧다.
죽음은 언제나 가까이 있으니, 현재에 충실하라
과거와 미래를 살지 말고, 바로 지금을 살아가라!

몽파르나스 묘지를 빠져나와 발길 닿는 대로 걸어갑니다. 오늘은 그냥 파리의 산책자가 되겠습니다.

트렁크를 채울까? 배를 채울까? 기억을 채울까?

각자의 삶처럼 각자의 여행은 다르다. 기왕 시간과 돈 들여 떠나는 여행이라면, 뭐라도 하나 채워오면 그만이다. 배를 채운다면 하루가 행복할 것이고, 트렁크를 채워 온다면 3개월이 행복할 것이고, 기억을 채워온다면 죽는 날까지 행복할 것이다.

'메멘토 모리'와 '카르페 디엠', 공동묘지로 여행을 떠난 나는 이렇게 해석했다. 누구나 죽는다. 게다가 언제 죽을지 모른다. 그러니 후회 없이 놀아라! 노는 게 제일 좋다. 그래, 나도 기억 하나 남겼다. 아차차! 잊지 말자! 남들 안 가는 곳에 가서 사진 찍고 SNS에 올려야 진정한 인플루언서다.

오늘도 인생 여행중…

오늘도 유언장을 씁니다

 해마다 유언장을 써온 지 올해로 6년째다. 1년 전에 써놓았던 유언장을 꺼내 꼼꼼히 다시 읽어 본다. 한 해 동안 변화된 내용을 넣고 빼며 더 할 말과 덜 할 말을 고르고 골라낸다. 심각한 병에 걸린 것도, 좋지 않은 마음을 먹은 것도 아니다. 빌 게이츠처럼 나눠줄 대단한 유산이 있다면 얼마나 신날까…만! 그래, 이번 생은 빌 게이츠가 되긴 다 틀렸다. 그래도 연말이 다가오고 새해가 멀지 않은 때면 습관처럼 유언장을 작성한다.

 의료사고였다. 이별에 대한 예비도 없이 갑작스럽게 아버지가 세상을 떠나신 거다. 온전한 작별을 하지 못한 마음과 살아있다는 죄스러움, 마지막 짧은 인사마저 나누지 못한 영원한 헤어짐에 슬프고도 슬펐다. 부모가 돌아가시면 누구나 효자 효녀가 된다.

 고향집에 내려가 아버지의 유품을 정리하던 날. 책상에서 A4 한 장을 발견했다. 펼쳐보니 떠나시기 2주 전 남긴 메모였다. 가게 외상값 등이 쓰여있는 종이 한구석에 쓰인 글.

아들아, 생일 축하한다.
생일 많이 축하하고
오늘 하루 너의 생애 최고로
행복한 날 되길 바란다.
태어나줘서 고맙고
네가 내 아들이라서 고맙다.
네가 내 곁에 있어서 얼마나
든든한지 넌 잘 모르지?
내 소중한 아들아… 사랑한다.
해피벌스데이

수성펜으로 흘겨 쓴 생일 축하 메모였다. 보내기 쑥스러웠는지 아니면 나중에 문자로 보내주시려 했는지 알 수는 없지만 그 짧은 손 편지가 아버지가 내게 남기신 유언이 된 거다. '아버지는 자식이 뭐가 그리 고맙고 고마우셨을까.' 메모를 읽으며 한참을 울었다. 그리고 비로소 당신을 보내드릴 수 있었다. 인생의 어떤 말은, 미처 말하지 못했을 때 가장 크게 울린다.

만약 이 메모가 없었다면 어땠을까? 갑작스러운 이별과 온전한 작별을 못 한 자식으로의 죄스러움을 어찌 견뎌낼 수 있었을까? 아버지의 메모가 나를 위로해 준 거다. 아마도 아버지는 이벤트의 연금술사였음이 틀림없다. 까꿍! 숨겨놓은 메모 찾았냐? 어쩌면… 하늘에서 씨익 웃고 계실지 모른다.

아무튼, 이런 까닭에 나는 오늘도 유언장을 쓴다. 뜻하지 않은 날일 수도, 준비되어 온 어떤 날일 수도 있을 것이다. 그렇지만 사랑하는 사람에게 나 또한 꼭 위로가 되어 주기를 희망한다.

유언장이라고 해서 뭐 대단하거나 무거운 내용을 쓰는 건 아니다. 쓰다 보면 생을 정리하는 기분이 들어 어른처럼, 꼰대마냥 한없이 무게를 잡기도 하지만, 생겨 먹은 팔자가 원래 한없이 경박한지라 최대한 나 자신의 모습 그대로를 써 내려가려 한다. 소소한 일상의 추억을 이야기하고, 남기고, 쑥스러워 미처 표현하지 못했던 말을 써 내려간다. 뭐 어떤가? 쑥스러워도 나 죽으면 그만이다. 그래서 마지막에 한 줄 꼭 남긴다.

'고마워! 사랑해! 안녕!'

나든 일론 머스크든… 우리는 딱 한 번 살고 딱 한 번 죽는다. 큰 차이 없다. 결국 어떤 유언장이든 한 사람의 인생이 담긴다. 그래서 마지막은 '고마워! 사랑해! 안녕!'으로 마무리되지 않을까?

> P.S.
> 유언장을 쓰며 고민에 빠졌다. 나도 어디에 숨겨놓아야 서프라이즈 할까? 까꿍!

좀 쑥스럽지만...
사실 영철이 아버지 돌아가셨다는 것도
거짓말이고... 그 돈으로 영철이랑
술 마셨는데... 술 값보다 외상값이
더 나와서 당신 몰래 보너스로
외상빚 갚고... 코인투자 잘못해서...
그래서... 뭐, 그런 이유로...

누군가 어디에서 나를 기다렸으면 좋겠다

"그래도 우리 둥이밖에 없다니까!"

오랜만에 만난 대학 친구는 갑자기 휴대폰을 열고 정체 모를 강아지 사진을 코앞에 들이밀었다. 어찌나 영특한지 요즘 사는 낙이라고 호들갑이다. 사진을 보여주고, 동영상을 보여주며 입에 침이 마르도록 강아지 타령이다. 아주 신이 났다. 여차하면 영상통화라도 시켜줄 기세다. 그의 말을 듣고 있자니, 이 영특한 푸들은 옷장에 튀어나온 못도 박아주고, 미적분도 풀고, 주식 투자 컨설팅도 해줄 태세다. 영물이 따로 없.

대기업 중역인 그는 기러기 아빠다. 수년 전, 어린아이들과 아내를 캐나다 어딘가로 보냈다. 처음엔 신이 나서 매일 술로 지샜다. 잔소리하는 아내도, 책임질 자식도 없으니 세상 편했다. 돈도 좀 있겠다, 골프에 낚시에 한량이 따로 없었다. 그렇게 놀고, 먹고, 마시며 사는 그를 친구들은 전생에 어떤 마블 히어로가 지구를 구했냐며 마냥 부러워했다. 그러던 녀석에게 어느 날 갑자기 공황장애와 우울증이 왔다.

'누군가에겐 그냥 강아지였을지 몰라도, 존 윅에겐 마지막 희망이었다.'

전설적인 킬러 존 윅은 은퇴 후 조용한 인생을 살고 있다. 그러던 어느 날, 세상을 떠난 아내가 남긴 마지막 선물, 강아지 데이지가 도착한다. 아내의 죽음으로 삶에 의미를 잃어버린 그에게 강아지는 그녀를 대신할 가족이자 희망이다. 이때, 간 큰 러시아 갱단이 나타나 존의 차를 훔치고 그의 반려견을 죽이며 막장 영화가 시작된다. 존은 눈에 보이는 족족 악당을 쏴 죽인다. '에잇! 이런 반려견만도 못한…' 잔혹할 만도 한데, 어째 통쾌하다. 희망이 없는 삶이란 지옥과 같다고, 단테가 말하지 않았던가. 존 윅의 지옥 같았던 삶에 희망을 준 것도, 지옥을 벗어나게 만들어 준 것도 바로 강아지였다. 그렇다. 채드 스타헬스키 감독의 「존 윅」은 전 세계 악당들이 한 마리 강아지한테 대가를 치른다는 러브 로망 복수, 반려견 권익 신장 영화다.

존 윅도 아닌데, 친구를 보고 있자니, 마음 한구석이 어째 짠했다. 존 윅처럼 그도 누군가를 죽이지 않기 위해 털북숭이 푸들을 애지중지하는 것은 아닐까? 희망을 가슴에 품고 싶어서 그리도 말 같잖은 영물이라며 관심도 없는 친구들에게 자랑질을 해대는 것은 아닐까? 그러고 보니, 친구의 아이들과 아내의 얼굴을 나는 기억하지 못한다. 아니, 친구 녀석은 내게 그들의 사진을 단 한 번도 보여준 적이 없다. 아! 이러려고 밤잠 설쳐가며 대학 가고, 결혼하고, 아이 낳고, 아등바등 좋은 회사에 들어가려 한 건가? 겨우 그깟 푸들 한 마리한테 사랑이나 받으려고? 그래, 이게 다 외로운 탓이다.

 극장이 망하고 아버지는 해외노동자로 8년간 사우디에 나가 있었다. 아버지가 다시 돌아온 건, 내가 거무튀튀한 수염이 자라기 시작한 중학교 2학년 때다. 그리고 1년 후 나는 대전으로 고등학교를 가게 됐다. 그로부터 아버지가 세상을 떠날 때까지 함께 산 적이 없다. 그래서일까, 나는 강아지 따위에게 내 사랑을 빼앗길 마음이 추호도 없다. 사양이다. 가족끼리 함께 지지고 볶기만 해도 인생은 짧다. 그렇다. 가족은 함께 있어야 가족이다. 내가 돈이 없어서 그러는 게 절대 아니다. 음… 어쨌든.

"그리도 강아지가 좋냐?"

"그럼, 그러니 너도 한 마리 키워!"

퇴근하고 불 꺼진 아파트 현관문을 열 때, 현관까지 달려 나오는 강아지가 있어 좋다고. 누군가 자신을 반겨주고 다가올 때 사랑받고 사랑하고 있다는 기분이 든다고 헤벌쭉 웃으며 그가 말했다.

뭐 이유야 어찌 되었든, 나는 또 심한 고양이 알레르기에, 털 알레르기인지라, 동물을 가족으로 들이기는 애당초 틀려먹었다. 그러니, 지금 내 가족이나마 더 사랑하고 아껴야겠다지만, 그게 또 안 되는 걸로 보아 이번 생에 철들긴 다 틀렸습니다.

P.S.
광고에는 3B라는 것이 있습니다. 아무리 못난 광고도 이 3B를 모델로 쓰면 죽은 자식 살아나듯, 즉각 효과가 있다는 전설의 마법입니다. 바로 Baby(아기), Beauty(미인), Beast(동물)입니다. 셋 중에 하나라도 있다면 당신은 이미 제법 잘 산 인생입니다. 뭐 아니면 말고요!

내가 이러려고
국기 살기로 **어른**이 된 건가?

20대의 나에게 쓰는 편지

'마왕'의 노래가 흘러나왔다. 아침 출근하는 차 안, 신해철의 2집 앨범 「Myself」에 실려있는 〈나에게 쓰는 편지〉였다. 좋아하는 노래이기도 해서 핸들에 손가락을 까딱 까딱이며 흥얼흥얼 노래를 따라 한다. 별 뜻 없이 좋아했던 노래인데, 이날따라 가사가 귀에 쏙쏙 박혔다.

난 잃어버린 나를 만나고 싶어
모두 잠든 후에 나에게 편지를 쓰네
내 마음 깊이 초라한 모습으로
힘없이 서 있는 나를 안아주고 싶어
난 약해질 때마다 나에게 말을 하지
넌 아직도 너 얘기를 두려워하고 있니
...
전망 좋은 직장과 가족 안에서의 안정과
은행구좌의 잔고액수가 모든 가치의 척도인가
돈, 큰집, 빠른 차, 여자, 명성, 사회적 지위

그런 것들에 과연 우리의 행복이 있을까
나만 혼자 뒤떨어져 다른 곳으로 가는 걸까

...

 아! 20대의 신해철도 이런 고민을 했었구나. 청춘은 현실에 부딪혀 좌절했고, 홀로 뒤처져 원하지 않던 다른 곳으로 흘러가는 건 아닌지 불안해했었구나! 하루 종일 노랫말이 떠나지 않았다. 퇴근하자마자 컴퓨터를 켜고 서둘러 나도 20년 전 나에게 편지를 쓴다. 뭐 특별한 이유는 없다. 그래, 어른은 특별한 이유 없이도 무엇이든 할 수 있는 사람인 거다. 그래! 어른은 특별한 이유 없이도 무엇이든 할 수 있는 때다.

수취인: 2005년 나에게

 청춘이겠구나!
 뜨겁게 사랑을 할 것이고, 열정으로 가득한 나날이겠다.
 때론 힘들고 아픈 날도 있을 거다.
 그러나, 조금만 시간이 지나면 한낮 소낙비처럼 또 그렇게 지나간다.

언제나 열정을 다하되, 너무 다 태우진 말아라.
선택의 기로라면 고민하되,
선택했다면 절대 뒤돌아보지도 후회하지도 말아라.
담배도 피울 만큼 피고, 술도 마실만큼 마셔라.
다만 결심이 서면 미련 없이 멈춰라.
멈출 줄 아는 게 어른이다. 뼈 삭는다.

먼 훗날, 너의 결혼은 아름다울 것이고,
사랑하는 사람과 아이로 기쁨은 충만할 것이다.
그렇지만 다시 한번 신중히 생각해 보렴.
이게 정말 최선인가 하고 말이다.

가족을 사랑하되, 너 자신도 사랑해라.
너만의 시간, 너만의 공간을 갖기를 바란다.
버지니아 울프 누나 말이 무조건 옳다.
그리고 절대 카톡에 결혼사진이나 아이, 꽃, 산 따위로
프로필을 낭비하지 마라.
너를 잃지 말고, 오직 온전한 너 자신으로 살아라.
돈을 따르지 않고 사람이 따르게 해라.
비겁하지 않고 의연하고 당당해라.

좋은 어른이 되려 하지 말고, 당당한 어른이 돼라!
너의 미래를 응원한다!

라고 말하면 해피엔딩이겠다…만, 다시 한번 말한다.
그런 거 없다. 네 20년 후도 다르지 않다.
40대도 별거 없다. 이제 곧 50인데 더 막막하다.
어차피 한번 사는 인생이다. 지금만 생각해도 벅차다.
그러니 내일 죽을 것처럼 20대, 30대를 즐겨라!
그렇게 못해서 지금도 후회한다. 아주 미치고 팔짝 뛰겠다.
너의 지금을 응원한다!

P.S.
아! 그리고 세탁세제 광고 같은 '때가 쏙' 빠지는…. 세제 이름으로 시작하는 동전이 하나 나올 게다. 묻지도 따지지도 말고 꼭 사두렴. 후… 후회한다.
에잇… 신해철은 왜 그렇게 빨리 우리 곁을 떠나버린 걸까.

행복은 발가락 사이로 보이는 풍경

 자고로 여행이란, 평범을 벗어나 새롭고 낯선 경험을 맞이하는 것이 본질일 테다. 그것만으로도 충분한 것일 텐데, 그런데도 나는 지금껏 수많은 여행을 하며 단 한 번의 작은 사고도 겪지 않았다. 행운이다. 회사의 한 직원은 여행사에 사기를 당해, 결혼식 당일에 신혼여행을 못 가기도 했고, 해외에서 소매치기를 당했다거나, 가방을 통째로 빼앗겼다는 어마무시한 이야기를 들은 적도 있다. 그렇지만 행운이 따라서인지 내겐 그런 특별한(이라면 특별함이랄까요? 그런 심장이 쫄깃쫄깃한) 경험이 없었다.

 결혼 전, 짝꿍과 나는 몇 가지 약속을 했다. 결혼하면 지켜야 할 대략의 룰이었다. 서로 다퉈 얼굴이 꼴도 보기 싫더라도, 꼭 같은 침대에서 잘 것. 서로의 집안 문제에 대해서는 절대 먼저 말을 꺼내지 않을 것. 아이는 낳지 않을 것(이었습니다만 어쩌다 보니 하나를 세상에 유통시키게 되었네요. 뭐 계획대로만 되지 않는 것이 또 인생이니까), 아이보다는 우리 부부가 최우선 순위일 것 등등. 뭐 이런 것 중 하나가 1년에 한 번씩은 무슨 일이 있더라도 해외에 나갈 것이었다.

 그래서 빚을 내서라도 해외여행을 1년에 한 번씩은 다닌다. 물론 통장을 보지 않는다. 무서우니까…. 대신 빈 통장만큼 기억이 풍요로워진다고 믿는다. 하기야 이제는 그렇게 믿을 수밖에 없다. 너무 멀리 와 버린 탓이다.

 스페인은 두 번 여행을 했다. 한 번은 회사 워크숍으로 직원들과 다녀왔다. 마드리드 아래 스페인의 옛 수도 톨레도라는 곳이 있다. 그 예스러움이 너무나 인상적이었다. 더욱, 한국 유명 연예인이 결혼 화보를 찍었다는 호텔과 그 호텔에서 바라보는 톨레도는 그야말로 장관이었다. '언젠가 가족과 함께 꼭 이 멋진 풍경을 같이 보리라!' 결심! 그렇게 버킷리스트를 안고, 다시 스페인을 찾았다. 스페인 한 달 살기의 첫 시작으로 이 아름다운 톨레도만큼 의미 있는 곳은 없다고 생각했기 때문이다.

 설레는 마음에 짐을 놓고 서둘러 가족과 톨레도 시내를 탐험한다. 이곳은 말이야~ 저곳은 말이야~ 멋진 가이드가 되어, 짝꿍과 아이에게 톨레도 골목골목을 안내한다. '아! 폼나! 이런 게 가장이구나!' 싶었다. 그런데 저녁 식사를 하고 느긋하게 호텔로 돌아와 보니… 어라, 무언가 달라졌다. 소파에 있던 가방이 침대 위에 정갈하고 다소곳이 놓여있었다. 이거 발이 달린 건가? 4차원의 웜홀을 통과한 걸까…. 불안한 마음에 가방을 열어보니 '없다!' 한 달간 여행할 경비가 없어진 거다. 다행히 짝꿍과 반으로 나눠놓았지만, 가지고 있던 여비의 반이 통째로 증발해 버린 거다.

가만 보니, 나는 엘리자베스 퀴블러-로스(Elisabeth Kübler-Ross)라는 정신과 의사가 말했다는 죽음의 단계를 차근히 밟아가고 있었다. 부정, 분노, 타협, 우울, 수용 단계의 초기 증상이 나오고 있었다. 아니야! 그럴 리가 없어! 어딘가 있겠지! 이리 뒤적 저리 뒤적 찾고 또 찾았다. 그런데 없다. 눈을 씻고 봐도 없다!

화가 나도 이렇게 화가 날 수 없었다. 호텔 매니저에게 클레임을 걸고 CCTV를 요청했지만, 보여줄 수 없다는 거다. 호텔 창문으로 들어올 수 있던 것도 아니니 분명 내부자가 틀림없었다. 짧은 영어와 스페인어로 손짓발짓, 얼굴은 붉으락푸르락이다. 속에서 끓어오는 화를 참을 수가 없는데, 그 화를 그들의 언어로 표현할 수 없다니…. '나 이만큼 화났거든….' 이래서 언어를 배워야 한다. 짝꿍과 딸이 컴플레인을 한다. 이곳에서 나는 어른이 아니라 옹알이하는 어린아이다. 아, 말이 짧아 슬픈 짐승이다. 마음이 진정되지 않았다. 스페인에서 첫날을 그렇게 불같은 화로 보냈다.

다음 날 아침, 세상 잃을 듯한 밤이 지나고, 톨레도가 내려다보이는 발코니에 앉아 파라도르 호텔의 잔디밭을 바라봤다. 한참을 보고 있자니 잔디밭 가장자리가 움찔거린다. 뭘까? 가만히 보니 토끼의 엉덩이다. 기분은 엉망인데 토끼 엉덩이는 들썩들썩, 바람은 살랑살랑, 아름다운 천년 도시 톨레도는 빼꼼 인사를 한다. 몽글몽글한 시간이, 아주 천천히 흘러갔다. 그래 어쩌면 첫날이라 다행일지 모른다. 지금까지 수십 번 해외여행을 다니면서 겪지 못한 불운이 한 번쯤 내게도 왔을 뿐일지 모른다. 짝꿍과 아이가 내게로 와 이야기한다. 우리 이번 여행은 평생 기억에 남을 거라고! 절대 잊지 못할 여행이 될 거라고. 우리 가족은 서로를 껴안고 동글동글해졌다.

무언가를 잃고 나니 비로소 풍경이 보인다. 그래도 반은 남았다. 이게 인생이려나? 그래 인생이겠지! 아버지는 말했다.

"네가 어른이 되면 느낌표가 많아질 거다."

그렇지만 내겐 여전히 물음표가 한없다. 인생은 물음표와 느낌표 사이의 그 어디쯤이 아닐까?

발코니에 발을 포개고 비스듬히 눕는다. 멀리 톨레도는 말없이 아름답다. 아침 바람이 살랑 불어온다. 발가락 사이를 간지럽힌다. 그래 행복이란 발가락을 꼼지락거리며 느긋하게 발가락 사이로 보이는 풍경을 바라보는 거다. 발코니에 누워 가만히 발가락을 본다. 화나는 일이 아니라 행복하라고 엄지 발가락과 검지 발가락 사이가 넓은 게 틀림없다. 행복이란 그곳을 통해 바라보는 풍경이니까.

다 잃었지만… 풍경이 남았다. 아! 행복해….

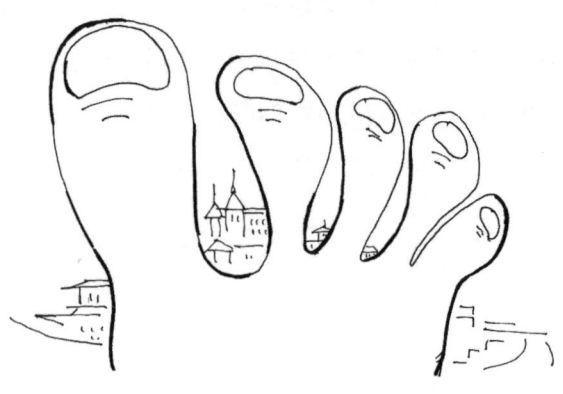

행복이란 발가락 사이로 보이는 풍경

다 읽었다!……
풍경이 남았다.
아! 행복해
　　　……

에필로그

아직도 인생

 몇 년 전 겨울, 홀로 파리에서 한 달을 살았다.
 조금은 고독해지고 싶어서였는지, 가족을 내팽개치고 홀로 훌쩍 떠났다. 일부러 파리의 지붕 밑 아주 춥고 허름한 다락방을 월세 100만 원에 하나 얻었다. 작은 매트리스 하나가 덩그러니 타일 바닥에 놓인 다락이었다. 매일 1유로짜리 바게트와 싸구려 와인으로 식사를 때웠다. 청승맞은 낭만이었을까? 어쩌면 시인 랭보를 꿈꾸었는지도 모를 일이다.
 마흔이라는 나이가 그처럼 힘든 줄 몰랐다. 생각해 보면 두 번 겪는 인생이 아니니, 어쩌면 그 걸어가는 길 하루하루가 홀로 부딪히고 넘어지고 다시 일어나야 하는 것인지도 모른다. 비로소 김광석의 〈서른 즈음에〉의 노랫말을 이해하게 되고 가슴에 와닿게 되는 때가 바로 그 마흔 즈음에였나 보다. 차가운 겨울 저녁 센강을 걷고, 생제르망 골

목에서 물색없이 비를 맞고, 유혹의 밤 피갈 거리를 산책했다. 그렇게 홀로 파리에 스며들며 짧지만, 한 달 파리지앵이 되었다.

파리 3구와 4구 사이에 위치한 마레 지구는 힙스터들의 성지 같은 곳이다. 그곳은 바로, 청춘은 물론, 닥터마틴을 신고 새빨간 스타킹을 치켜 입은 반바지의 40대 긴 머리 남성, 땡땡이 실크 스카프를 목에 두른 하늘색 아이섀도의 중년 여성, 헌팅캡을 쓴 체크무늬 블레이저와 카이저수염의 백발의 노인이 한데 뒤엉켜 있었다. 그들은 카페에 앉아 뜨겁게 토론했고, 공원 벤치에서 책을 읽고, 거리에서 음악을 연주했다. 모두가 어른스럽게 잘 놀고 있었다.

그날 피카소를 보았다. 마레 지구에 있는 피카소 미술관에 들어가, 어지러운 그의 작품들을 감상하다 한 그림 앞에 멈춰 섰다. 그리 인상적인 그림이 아닌데 이상하게 끌리는 그런 그림이었다. 제목이 궁금했다.

'nature morte'

구글 번역앱을 열었다.

'아직도 인생'

이게 뭐지? 천천히 보니, '스틸 라이프 still life, 정물'을 구글 불어 번역기가 잠시 오역을 한 모양이었다. 그래, 다 이해한다. 가끔 번역기도 마흔 즈음엔 지치고 힘든 때가 있을 테니까.

'아직도 인생이라.'
곰곰이 생각해 보니, 참 아름답고 고운 단어다. '아직도⋯ 인생' 아직도! 인생!
살아갈 나날들이 많구나! 사랑하는 사람과 함께하고, 소중한 무언가를 꿈꾸고 그리워하고, 빛나게 꾸밀 그 아름답고 찬란한 삶이 아직도 내 앞에 선물상자처럼 펼쳐져 있구나! 길을 따라 달리다 보면 비가 오고 바람이 불고 흐리고 시린 날도 있겠지만 윈도우 바탕화면같이 푸른 초원과 뭉게뭉게 파란 하늘이 또다시 내게 다가올 것이라는 희망. 겨울의 파리가, 피카소가 나에게 준 선물이었다. 이래서 피카소의 그림이 그렇게 터무니없이 비쌌던 모양이다.

그렇게 몇 년이 더 흐르고 이제는 '50'이라는 낯선 숫자가 눈앞에 놓였다. 아직도 한참 세상을 어떻게 살아갈지 모르는 철부지인데…. '아니 벌써?'라는 생각에 또다시 사춘기 마흔마냥 기분은 일요일 오후 네 시 반같이 우울하다. 아! 세상 다 산 것처럼 슬프고 아린 날들이다. 내가 이러려고 어른이 된 건가.

내가 짝꿍과 옥탑방을 얻고 이곳으로 출근하는 이유는 후회하고 싶지 않아서다.

누구나 그렇듯 생각해 보면 조금씩 늦고 조금씩 빨랐던 인생이다. 삼수를 했고, 늦게 군대를 다녀왔다. 늦게 대학을 졸업했고, 남보다 조금 늦게 취업했다. 연봉 1천만 원을 받으며 NGO, 영화, 공연, 게임, 광고판에서 일도 해봤다. 30대 초반에 회사를 만들어 상장도 시켜봤고 망해도 봤다. 그렇게 지금까지 나의 전반전은 한여름 뙤약볕처럼 치열하고 뜨거웠다. 이건 분명 나만의 이야기는 아닐 것이다. 그렇다면, 우리는 왜 이토록 열심히 사는 걸까? 무슨 부귀영화를 누리겠다고 이렇게 뼈가 빠지게 앞만 보고 달려온 걸까? 이게 다 어른이 되면, 저 푸른 초원 위에 그림 같은 삶이 펼쳐져 있을 거라는 믿음 탓이다. 그런데 막상 어른이 돼 보니 깨달았다. 그런 삶 따위는 애초에 존재하지 않았나 보다.

그래서, 우리는 옥탑방을 얻고, 이곳을 놀이터 겸 일터로 삼아 출근을 시작했다. 글을 쓰고, 때로 컨설팅을 해주고, 사람들을 만나고 모임을 하며 생활한다. 일이 없는 날이면, 기타를 치고, 음악을 듣고, 그림을 그리고, 낮술을 마신다. 짝꿍이 말아주는 하이볼은 세상 최고의 맛이다. 그리고 먹을 것 입을 것 아껴 돈을 모아 훌쩍 여행을 떠난다. 내일은 또 뭐하고 놀지 생각하다 보면 하루가 훌쩍 지나간다. 그렇게 나는 잘 노는 어른이 돼가고 있다.

두렵고 막막하긴 매한가지다. 통장을 바라보며 한숨짓

기도 한다. 그렇지만 지난 20년 넘게 월급쟁이로, 사장으로 살며 돈 받고, 돈 주는 일에 지쳤다. 그만큼 살았으면 됐다. 이제 그냥 대책 없이 놀아보기로 했다. 세상에 나 같은 어른 한 명쯤 있어도 되지 않을까?

지난 주말 모처럼 시골집을 찾았다.

"내 나이쯤 되니 하루하루 오후 햇살이 황금비 같더라. 멋지게 살아. 살아보니 인생이란 게 참 짧아. 뭐 별거 없어. 그러니 늘 재미있고 멋지게 살아! 알았지?"

팔순 노모가 고운 소녀처럼 말을 건넨다. 엄마는 75세의 나이에 자신의 이름을 찾고, 2종 보통 운전 면허와 노인 요양보호사 자격증을 땄다. 그녀는 주말이면 반짝이는 드레스를 입고 스포츠댄스를 추러 나간다. 그리고 현직 미용사다.

그렇다. 아직도 인생!
알았어 엄마! 난 세상에서 가장 잘 노는 어른이 되어볼게!

아주
잘 노는
어른이 될 거야

초판1쇄 2025년 11월 3일 **지은이** 이지행 **펴낸이** 한효정 **편집교정** 안수경 **기획** 한효정 **디자인** 화목
마케팅 안수경 **펴낸곳** 도서출판 푸른향기 **출판등록** 2004년 9월 16일 제 320-2004-54호
주소 서울 영등포구 선유로 43가길 24 104-1002 (07210) **이메일** prunbook@naver.com
전화번호 02-2671-5663 **팩스** 02-2671-5662
홈페이지 prunbook.com | facebook.com/prunbook | instagram.com/prunbook

ISBN 978-89-6782-252-1 03810
ⓒ 이지행, 2025, Printed in Korea

*책값은 뒤표지에 있습니다.

이 책은 저작권법에 따라 보호받는 저작물이므로 무단 전재와 무단 복제를 금지하며,
이 책 내용의 전부 또는 일부를 이용하려면 반드시 저작권자와 출판사의 서면 동의를 받아야 합니다.